# 공부의 힘

1~3 학년용

1

**지은이 김누리**

현직 초등학교 교사로 EBS 초등 프로그램, 서울시교육청 영재교육원, 교원직무연수 강사입니다.
서울시 교육청 CS 강사, 서울특별시 과학전시관 〈서울과학교육〉 편집위원, 국립과천과학관 정책 연구진,
세종문화회관 유아 도슨트로 활동하였고, 초등 검정 교과서 집필진 및 초등 국정 교과서 전문가 검토위원을 지냈습니다.
EBS 〈육아학교〉, 〈배움 너머〉, 〈다큐 프라임〉, KBS 〈스펀지〉, 〈생생정보〉, YTN 〈과학카툰 기발한 실험실〉, 〈수다학〉 등에
전문가 패널로 출연하였고, 《학교 선생님이 들려주는 한국사 이야기》, 《내 아이는 초등학교 1~4학년》 시리즈,
《초등사회 개념 짱》, 《엄마, 아빠의 진짜 속마음》 등의 저서 및 다수의 학습 지도서 집필 등 국내 초등 교육을 위해
다양한 분야에서 폭넓은 활동을 하고 있습니다.

자기주도적 학습 습관을 길러 주는
공부 능력 향상 프로그램

**초판 1쇄 인쇄** 2022년 12월 26일
**초판 1쇄 발행** 2023년 1월 8일

**지은이** 김누리
**펴낸이** 김선식

**경영총괄** 김은영
**책임편집** 김재민
**다산스마트에듀팀장** 김재민 **다산스마트에듀팀** 조아리, 박은우, 차다운
**저작권팀** 한승원, 김재원, 이슬
**마케팅본부장** 권장규
**미디어홍보본부장** 정명찬 **홍보팀** 안지혜, 오수미, 송현석
**뉴미디어팀** 김민정, 홍수경, 서가을 **디자인파트** 김은지, 이소영
**재무관리팀** 하미선, 윤이경, 김재경, 안혜선, 이보람
**인사총무팀** 강미숙, 김혜진, 박예찬, 황종원
**제작관리팀** 박상민, 최완규, 이지우, 김소영, 김진경, 양지환
**물류관리팀** 김형기, 김선진, 한유현, 민주홍, 전태환, 전태연, 양문현
**외부 스태프 윤문·교정·교열** ㈜포링고 **디자인** ㈜포링고

**펴낸곳** 다산북스 **출판등록** 2005년 12월 23일 제313-2005-00277호
**주소** 경기도 파주시 회동길 490
**전화** 02-704-1724 **팩스** 02-703-2219 **이메일** dasanbooks@dasanbooks.com
**홈페이지** www.dasanbooks.com **블로그** blog.naver.com/dasan_books
**다산스마트에듀** www.dasansmartedu.com
**종이** IPP **인쇄·제본** 갑우문화사 **코팅·후가공** 제이오엘앤피

**ISBN** 979-11-306-9626-3 (64370)


+ 이 책의 인물 명칭은 한국 인물은 성과 이름을 모두 포함하였고, 외국 인물은 다산콘텐츠그룹 학습 만화 《Who?》를 따랐습니다.

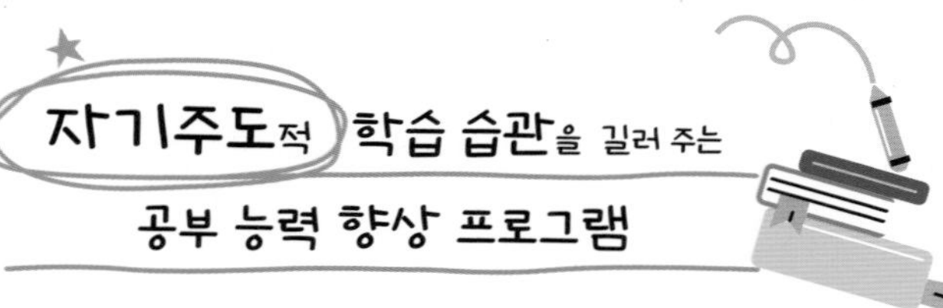


# 공부의 힘

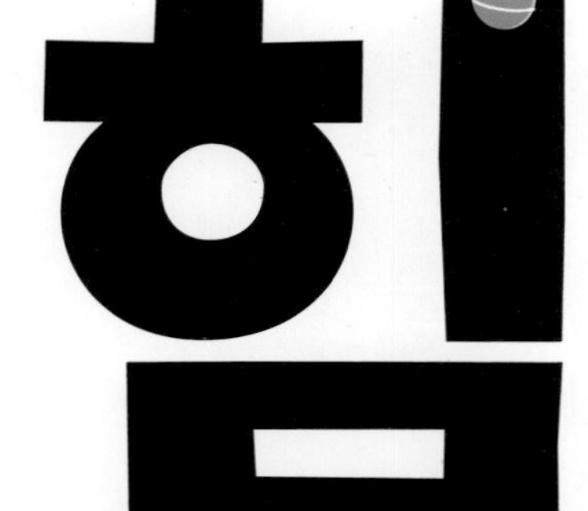

1~3 학년용

1

김누리 지음

다산스마트에듀

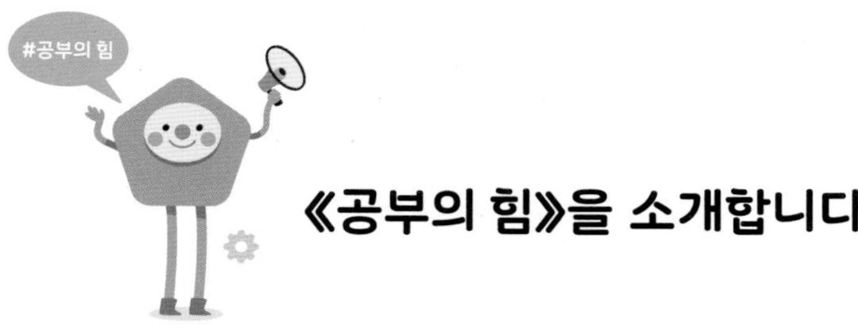


# 《공부의 힘》을 소개합니다

우리 교육이 변하고 있습니다. 이제 학교와 사회에서 인재들에게 바라는 능력은 단순히 외워서 많이 아는 것이 아닙니다. 수많은 자료 속에서 필요한 지식을 선별하여 자신만의 가치 있는 정보를 만들고, 그것을 통해 다른 사람과 의사소통할 수 있는 능력을 원합니다. 끊임없이 변화하고 발전하는 미래 사회에 적응하며, 더 나은 세상을 창조하는 능력을 필요로 하는 것이지요.

그러기 위해서 사회가 바라는 미래 인재상은 다음과 같습니다.

- **동기**를 발견하고 유지하는 사람
- **인지**력이 우수한 사람
- 자기 일에 **몰입**할 줄 아는 사람
- 자신의 가치를 아는 **자아존중감**이 높은 사람
- **창의성**이 뛰어난 사람
- **감성**이 발달한 사람
- **사회성**이 높은 사람

그렇다면 '동기, 인지, 몰입, 자아존중감, 창의성, 감성, 사회성'은 어떻게 키울 수 있을까요? 스스로 키우는 방법을 탐구하고, 실천 의지를 다질 수 있다면 가장 좋지만, 말처럼 쉽지 않습니다. 가장 쉽고 효과적인 방법은 모범이 되는 인물, 즉 위인의 말과 행동, 사례를 살펴보며 구체적인 방법을 찾는 것입니다. 《공부의 힘》에서는 세상을 바꾼 훌륭한 위인들의 에피소드를 살펴보며, '나'의 경험과 생각을 되돌아보고 다짐하는 활동을 할 수 있습니다.

이 책에서는 동서양을 불문하고, 미래 사회에서 요구하는 핵심역량을 갖춘 위인 40명의 경험담을 소개합니다. 그리고 이 위인들의 사례와 비교하여 여러분 스스로의 경험과 생각을 정리해 보며, '스스로 공부하는 힘'을 향상시킬 수 있도록 구성했습니다.

《공부의 힘》으로 미래 인재의 필수 요소인 동기, 인지, 몰입, 자아존중감, 창의성, 감성, 사회성을 높여 보세요!

★ 본 교재는 다산콘텐츠그룹의 《Who?》 시리즈 총 40권과 《E-CLIP(송인섭 저)》 시리즈 총 12권의 내용을 바탕으로 구성하였습니다.

# 이 책의 구성과 특징

## 1 만화로 위인을 만나요!

**단원 도입**

매 단원을 시작할 때마다 만화를 통해 주제와 관련된 인물들의 에피소드를 보고, 공부할 내용에 흥미를 갖게 합니다.

1강 동기 ①

하늘을 나는 꿈을 이룬 발명가

**라이트 형제**

전문적인 교육을 받지 못했지만 꿈을 포기하지 않았던 라이트 형제는 수없이 많은 시행착오 끝에 마침내 최초의 동력 비행기를 만드는 데 성공했습니다. 다음은 라이트 형제가 하늘을 나는 꿈을 품게 만든 어린 시절 이야기입니다.



## 2 위인의 삶을 탐험해요!

**인물 이해**

위인의 삶을 요약한 글을 읽으며, 공부할 주제와 관련된 인물에 대한 이해도를 높입니다.

라이트 형제에 관한 다음 글을 읽고 물음에 답하세요.

1903년, 라이트 형제가 만든 동력 비행기 '플라이어호'가 세계 최초로 사람을 태우고 하늘을 나는 데 성공했습니다. 그저 시골에 사는 평범한 자전거 기술자에 불과했고, 비행기를 연구한 다른 과학자들과는 달리 국가의 도움도 받지 못했던 라이트 형제가 직접 동력 비행기를 설계하고 만드는 놀라운 성과를 거둘 수 있었던 이유는 과연 무엇일까요?

라이트 형제는 어릴 때부터 호기심이 많았습니다. 뭔가 색다른 현상을 보면 왜 그렇게 되는지 꼭 알아내야 직성이 풀리곤 했어요. 그런 호기심이 도전 정신으로 발전했던 것입니다. 만약 이들에게 호기심이 없었다면 하늘을 나는 새의 날갯짓과 비틀린 자전거

**확인 학습**

각 인물에 관한 내용을 확인하는 문제를 풀면서 위인의 삶과 핵심 개념을 파악합니다.

1 괄호 안에 들어갈 알맞은 말을 고르세요.

라이트 형제는 세계 최초로 동력 (　　　)를(을) 만들어 사람을 태우고 하늘을 나는 데 성공하였습니다.

① 모터
② 기차
③ 비행기
④ 자전거
⑤ 우주선

2 라이트 형제가 꿈을 이루는 데 가장 큰 힘이 되었던 것으로 알맞은 것은 무엇인가요?

① 호기심과 동기
② 넉넉한 가정 형편
③ 강인한 체력
④ 많은 사람의 응원과 격려
⑤ 국가의 전폭적인 지원

## 3 위인을 통해 '나'를 되돌아봐요!

**STEP 1**
**개념 이해하기**

개념 설명을 읽고, 인물의 심정이나 상황을 상상하고 '나'와 비교해 보면서 핵심 주제와 개념을 이해하는 단계입니다.

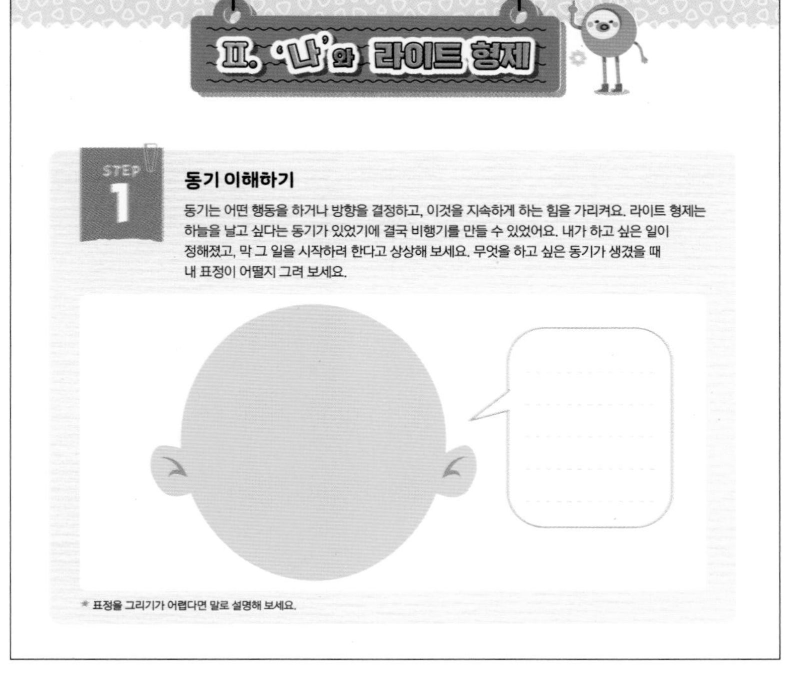

Ⅱ. '나'와 라이트 형제

STEP 1 **동기 이해하기**

동기는 어떤 행동을 하거나 방향을 결정하고, 이것을 지속하게 하는 힘을 가리켜요. 라이트 형제는 하늘을 날고 싶다는 동기가 있었기에 결국 비행기를 만들 수 있었어요. 내가 하고 싶은 일이 정해졌고, 막 그 일을 시작하려 한다고 상상해 보세요. 무엇을 하고 싶은 동기가 생겼을 때 내 표정이 어떨지 그려 보세요.

* 표정을 그리기가 어렵다면 말로 설명해 보세요.

**STEP 2**
**개념 재확인하기**

인물 맞춤형 사례를 통해 앞에서 학습한 개념을 다시 한번 정리하고 넘어갑니다.

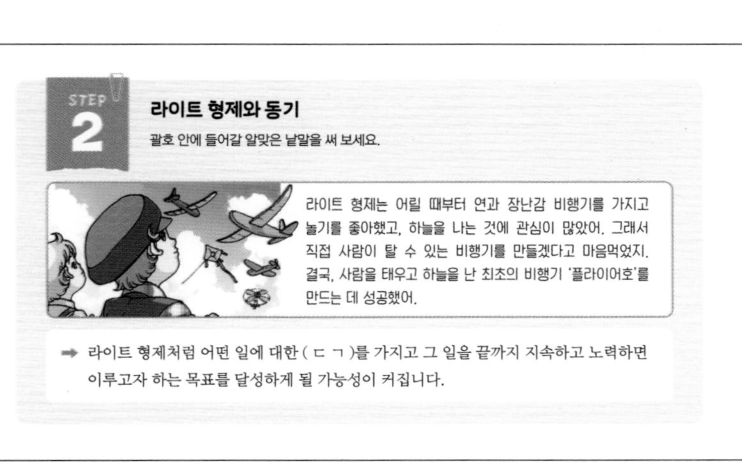

STEP 2 **라이트 형제와 동기**

괄호 안에 들어갈 알맞은 낱말을 써 보세요.

라이트 형제는 어릴 때부터 연과 장난감 비행기를 가지고 놀기를 좋아했고, 하늘을 나는 것에 관심이 많았어. 그래서 직접 사람이 탈 수 있는 비행기를 만들겠다고 마음먹었지. 결국, 사람을 태우고 하늘을 난 최초의 비행기 '플라이어호'를 만드는 데 성공했어.

➡ 라이트 형제처럼 어떤 일에 대한 ( ㄷ ㄱ )를 가지고 그 일을 끝까지 지속하고 노력하면 이루고자 하는 목표를 달성하게 될 가능성이 커집니다.

STEP 3
'나'의 역량 기르기

앞서 학습한 내용을 바탕으로 스스로를 점검하고, '나'의 역량을 발견하고 기를 수 있는 방법을 생각해 봅니다.

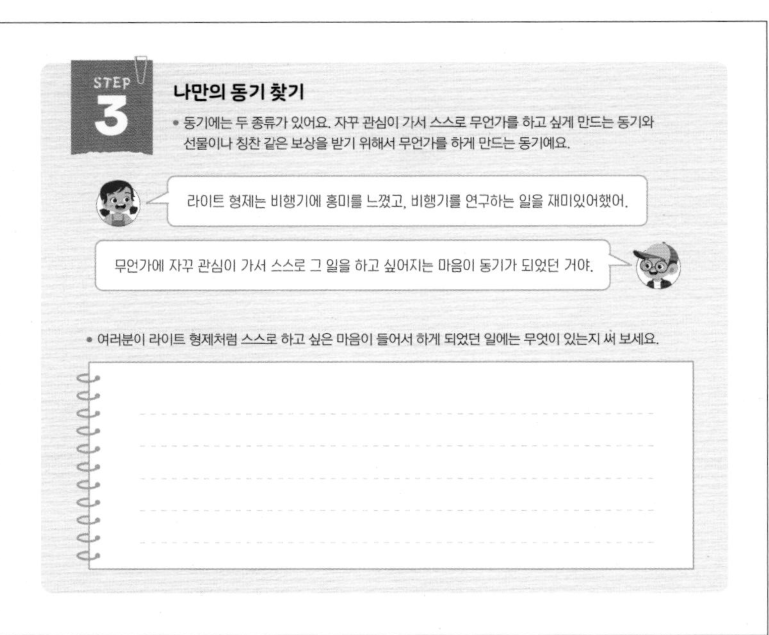


## 4 이것만은 꼭 기억해요!

단원 마무리

학습한 인물 및 주제와 관련된 역량을 기르기 위해 필요한 자질을 되새기면서 단원을 마무리합니다.

# 《공부의 힘》 자기주도적 활용 방법

## 시간을 정해서 규칙적으로 학습하기

《공부의 힘》을 학습하는 시간을 스스로 정하세요. 《공부의 힘》을 더욱 즐겁고 유익하게 활용할 수 있습니다.

## 'EBS 선생님'과 함께 인터넷 강의로 공부하기

위인들의 삶을 담은 애니메이션과 친절한 EBS 선생님의 설명이 담긴 강의를 보며 혼자서도 쉽게 공부할 수 있습니다.

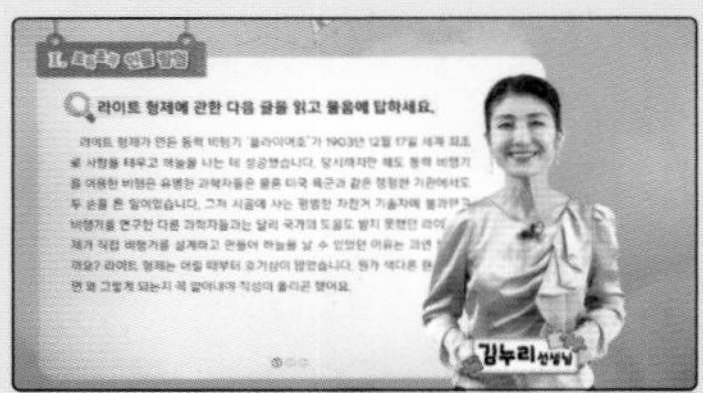

## 《Who?》 위인 40명의 학습 만화 읽기

《공부의 힘》에 등장하는 《Who?》 위인 40명의 학습 만화를 읽어 보세요. 위인의 삶에 좀 더 가까이 다가갈 수 있습니다.

# 차례

1~3 학년용

1

1~3
학년용

# 2

★《공부의 힘》 1~3학년용 2권은 별매입니다.

# CHAPTER 1

# 동 기

1강. 라이트 형제

2강. 에이브러햄 링컨

3강. 광개토 대왕

4강. 버지니아 울프

5강. 루트비히 판 베토벤

6강. 알렉산더 플레밍

7강. 장보고

하늘을 나는 꿈을 이룬 발명가

# 라이트 형제

전문적인 교육을 받지 못했지만 꿈을 포기하지 않았던 라이트 형제는 수없이 많은 시행착오 끝에 마침내 최초의 동력 비행기를 만드는 데 성공했습니다. 다음은 라이트 형제가 하늘을 나는 꿈을 품게 만든 어린 시절 이야기입니다.

후드득
어? 안 돼!

어떡해,
망가졌나 봐.
안 움직여.
어쩌지?

엄마, 박쥐가
죽었어요.

아빠한테 다시
사 달라고 하면
안 돼요?
벌써 고장이 났어?
하긴 매일 가지고
놀았으니.

그럼 너희가
새로 만들어 봐.
너희는 뭐든
잘 만들잖니.

어머니의 응원에 용기를 얻은 형제는 장난감 박쥐를 다시 만들기로 결심했습니다. 먼저 고장 난 박쥐를 전부 다 뜯어 필요한 부속품을 하나하나 만들었습니다.

수많은 시행착오 끝에 형제는 장난감 박쥐를 만들어 냈습니다.

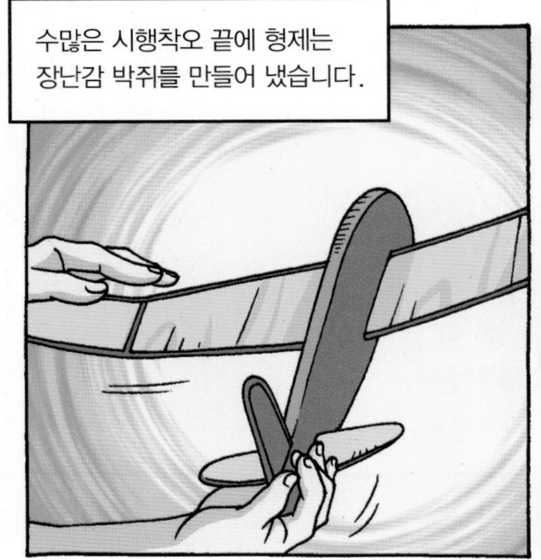

와! 우리가 만든
박쥐가 하늘을 날았어!

파닥
파닥

녀석들 제법인데?

어떻게
저걸 만들었지?

호호,
저 녀석들이
손재주로는
우리 동네
으뜸이잖니.

이후 형제는 장난감을 더 크고 날렵하게 만들어
'박쥐 2호, 3호'라고 이름을 붙였습니다.

에잇, 3호까지는 잘 날았는데.

아쉽지만 어쩔 수 없지.

저 연처럼 하늘을 날면 기분이 어떨까?
글쎄.

우리가 개미처럼 작다면 연을 타고 하늘을 날 수 있을 텐데!

파닥

파닥

그날 이후, 라이트 형제는
언젠가 큰 박쥐를 타고 전 세계
하늘을 날아다니게 될 날을
꿈꾸게 되었습니다.

# I. 조목조목 인물 탐험

라이트 형제에 관한 다음 글을 읽고 물음에 답하세요.

1903년, 라이트 형제가 만든 동력 비행기 '플라이어호'가 세계 최초로 사람을 태우고 하늘을 나는 데 성공했습니다. 그저 시골에 사는 평범한 자전거 기술자에 불과했고, 비행기를 연구한 다른 과학자들과는 달리 국가의 도움도 받지 못했던 라이트 형제가 직접 동력 비행기를 설계하고 만드는 놀라운 성과를 거둘 수 있었던 이유는 과연 무엇일까요?

라이트 형제는 어릴 때부터 호기심이 많았습니다. 뭔가 색다른 현상을 보면 왜 그렇게 되는지 꼭 알아내야 직성이 풀리곤 했어요. 그런 호기심이 도전 정신으로 발전했던 것입니다. 만약 이들에게 호기심이 없었다면 하늘을 나는 새의 날갯짓과 비틀린 자전거 튜브 상자를 보고 비행기의 날개를 생각해 내지도 못했을 거예요.

라이트 형제가 비행기를 만들 수 있기까지는 어려움도 많았습니다. 형제는 자전거 가게를 운영하며 겨우겨우 비행기 연구에 필요한 돈을 마련했어요. 몇몇 사람을 제외하고는 이들의 연구에 관심조차 보이지 않았습니다.

하지만 두 형제는 묵묵히 그들의 길을 걸어갔습니다. 비행기와 관련된 온갖 서적과 논문을 빠짐없이 읽으며 공부했습니다. 이론 공부에만 그치는 것이 아니라 실험을 통해 그 이론을 직접 확인했습니다.

'하늘을 나는 비행기를 만들어 보고 싶다'는 동기와 꾸준한 노력이 동력 비행 성공의 밑거름이 되었고, 그 결과 '플라이어호'라는 빛나는 결과물을 만들어 낸 것입니다.

## 1 괄호 안에 들어갈 알맞은 말을 고르세요.

라이트 형제는 세계 최초로 동력 (          )를(을) 만들어 사람을 태우고 하늘을 나는 데 성공하였습니다.

① 모터
② 기차
③ 비행기
④ 자전거
⑤ 우주선

## 2 라이트 형제가 꿈을 이루는 데 가장 큰 힘이 되었던 것으로 알맞은 것은 무엇인가요?

① 호기심과 동기
② 넉넉한 가정 형편
③ 강인한 체력
④ 많은 사람의 응원과 격려
⑤ 국가의 전폭적인 지원

## 3 라이트 형제에 관하여 바르게 말한 친구의 이름을 쓰세요.

**현서** 라이트 형제는 어릴 때부터 자전거 외에는 어떤 것에도 관심이 없었어. 그래서 자전거만 연구하여 결국 비행기를 만들었지.

**예준** 라이트 형제는 새로운 것을 그냥 지나치지 않는 호기심과 궁금한 것을 직접 탐구하는 도전 정신으로 플라이어 호를 만들었어.

______________________

▶ 정답: 232쪽

STEP 1

## 동기 이해하기

동기는 어떤 행동을 하거나 방향을 결정하고, 이것을 지속하게 하는 힘을 가리켜요. 라이트 형제는 하늘을 날고 싶다는 동기가 있었기에 결국 비행기를 만들 수 있었어요. 내가 하고 싶은 일이 정해졌고, 막 그 일을 시작하려 한다고 상상해 보세요. 무엇을 하고 싶은 동기가 생겼을 때 내 표정이 어떨지 그려 보세요.

★ 표정을 그리기가 어렵다면 말로 설명해 보세요.

STEP 2

## 라이트 형제와 동기

괄호 안에 들어갈 알맞은 낱말을 써 보세요.

라이트 형제는 어릴 때부터 연과 장난감 비행기를 가지고 놀기를 좋아했고, 하늘을 나는 것에 관심이 많았어. 그래서 직접 사람이 탈 수 있는 비행기를 만들겠다고 마음먹었지. 결국, 사람을 태우고 하늘을 난 최초의 비행기 '플라이어호'를 만드는 데 성공했어.

➡ 라이트 형제처럼 어떤 일에 대한 ( ㄷ ㄱ )를 가지고 그 일을 끝까지 지속하고 노력하면 이루고자 하는 목표를 달성하게 될 가능성이 커집니다.

## 나만의 동기 찾기

- 동기에는 두 종류가 있어요. 자꾸 관심이 가서 스스로 무언가를 하고 싶게 만드는 동기와 선물이나 칭찬 같은 보상을 받기 위해서 무언가를 하게 만드는 동기예요.

라이트 형제는 비행기에 흥미를 느꼈고, 비행기를 연구하는 일을 재미있어했어.

무언가에 자꾸 관심이 가서 스스로 그 일을 하고 싶어지는 마음이 동기가 되었던 거야.

- 여러분이 라이트 형제처럼 스스로 하고 싶은 마음이 들어서 하게 되었던 일에는 무엇이 있는지 써 보세요.

라이트 형제를 떠올려 봐. 흥미를 느끼고 관심이 가서 어떤 일을 계속 하고 싶은 느낌, 바로 동기를 찾는 것이 중요해. 네 마음속에 있는 동기를 찾아봐. 그리고 그 동기를 유지하기 위해 지금부터 작은 일부터 실천하도록 해.

미국 역사상 가장 존경받는 대통령

# 에이브러햄 링컨

에이브러햄 링컨은 노예로 살며 고통받는 흑인들의 삶을 안타까워했고, 결국 이를 해결하고자 대통령의 자리에 도전합니다. 다음은 학교도 제대로 다니지 못할 정도로 가난했지만, 지독한 책벌레였던 링컨의 어린 시절 이야기입니다.

링컨은 겨우 아버지의 허락을 받아 학교에 다닐 수 있게 되었습니다. 학교는 링컨의 집에서 3킬로미터나 떨어져 있어서 어린 링컨에게는 먼 거리였지만 글을 배울 수 있다는 생각에 하나도 힘들지 않았습니다.

링컨은 한번 배운 것은 잊어버리지 않는 아이였습니다. 또 호기심이 강해 궁금한 것은 꼭 알아내야만 직성이 풀렸습니다.

밥이나 먹지,
뭘 그렇게 보는 게야?
놔두세요. 글을 깨우쳐서 읽고 싶은 책이 많을 거예요.
쓸데없는 짓을 하고 있군.
그렇지 않아요. 아버지, 책에는 진리가 들어 있어요.
시끄럽다. 내일은 학교 갈 생각 말고 밭일이나 도와.
네, 알겠어요.
링컨은 손에서 책을 놓지 않았습니다. 집안일을 도우면서도 틈만 나면 책을 읽고 공부했습니다. 책을 읽으며 기억에 남는 이야기나 구절은 반드시 공책에 적었습니다.

에이브! 이리 와서
좀 먹고 해.
난 괜찮아, 누나.
어? 공책을
어디 뒀더라?
뒤적
뒤적
어쩔 수 없지.
여기다 써야겠다.
지금 적어두지 않으면
금방 까먹을지도 몰라.
에이브! 해 지기 전에
끝내려면 서둘러야 해.
네, 금방
갈게요.

휴, 이제 그만
들어가자.

에이브, 식구도 늘고
밭일만으로는 먹고 살기가
힘들 것 같구나. 미안하지만
학교를 그만두고 집안일을
도울 수 있겠니?

늘 미안하구나.

아니에요, 아버지.
진작 일을
도왔어야
했는데…….

링컨은 공부를 더 하고 싶었지만 내색하지 않았습니다. 그는 자신보다 아버지의 마음을 먼저 헤아리는 착한 아들이었습니다.
공부는 학교에서만
하는 게 아니니까…….

링컨은 농사일을 돕느라 학교에 가지 못한 날이 더 많았습니다. 링컨이 학교를 다닌 기간은 모두 합쳐도 일 년이 채 되지 않았습니다.
그 기간이 그가 대통령이 될 때까지 받은 정규 교육의 전부였습니다.

학교를 그만둔 링컨은 혼자서 공부를 시작했습니다. 책은 그에게 가장 좋은 선생님이었습니다. 밭일을 나가도 쉬는 시간마다 책을 읽었습니다.

읽고 싶은 책은 많았지만 책을 살 돈이 없었던 링컨은 주로 마을 사람들에게 책을 빌려 읽었습니다.

나중에는 마을의 책을 전부 읽고 멀리 떨어진 마을까지 가서 책을 빌려 오기도 했습니다.

에이브러햄 링컨에 관한 다음 글을 읽고 물음에 답하세요.

에이브러햄 링컨은 미국 역사상 가장 존경받는 인물입니다. 가난한 농부의 아들로 태어나 글도 겨우 익힐 수 있었지만, 의지를 갖고 열심히 공부해서 능력 있는 변호사이자 정치인이 되었지요.

링컨은 노예로 살며 고통받는 흑인들의 삶을 늘 안타까워했습니다. 결국 이를 해결하고자 의원 선거에 출마하고, 나아가 대통령의 자리에 도전합니다. 그는 여러 번 선거에서 떨어졌고 많은 어려움을 겪었지만, 자신의 신념대로 노예 제도를 없애기 위해 최선을 다해 노력했습니다.

노예제 폐지를 주장한 링컨이 대통령에 당선되자 노예제를 찬성하는 남부 주들의 대표들은 미국 연방에서 탈퇴하여 독립 선언을 하고 전쟁을 선포했습니다. 이 때문에 군인이 만 명 넘게 사망하고 링컨의 아들까지 목숨을 잃게 되지만, 링컨은 이에 굴하지 않고 노예 해방 선언문을 작성하여 선포했습니다.

선언문 발표 후에도 전투는 이어졌고 사상자가 엄청나게 늘어났습니다. 국민들은 두려움과 슬픔 속에서 고통스러워했습니다. 하지만 링컨은 포기하지 않고 남북전쟁에서 가장 치열한 전투가 벌어진 게티즈버그로 가서 다음과 같이 연설했습니다.

"명예롭게 죽어 간 그들이 목숨을 바쳐 지키고자 한 것을 지켜, 이 나라는 새로운 자유의 탄생을 보게 될 것이며, 국민의, 국민에 의한, 국민을 위한 정부는 이 지구상에서 결코 사라지지 않을 것입니다."

이 연설은 사람들에게 큰 감명을 주었고, 다시 용기를 내게 해 주었습니다. 이후 링컨은 제17대 대통령으로 다시 한번 당선되었고, 결국 4년간의 전쟁이 끝나고 흑인 노예들이 모두 해방되었습니다.

어려운 상황에서도 미래에 대한 희망을 잃지 않았던 링컨은 결국 자신이 간절히 원했던 목표를 이루어 낸 미국 최고의 대통령입니다.

## 1 괄호 안에 들어갈 알맞은 말을 고르세요.

에이브러햄 링컨은 치열한 노력으로 고통받는 노예를 해방하겠다는 목표를 실현해 낸 미국의 (                )입니다.

① 목사
② 귀족
③ 군인
④ 교수
⑤ 대통령

## 2 에이브러햄 링컨이 꿈을 이루는 데 가장 큰 힘이 되었던 것으로 알맞은 것은 무엇인가요?

① 훌륭한 교수에게 받은 가르침
② 뛰어난 글쓰기 실력
③ 풍요로운 가정 형편
④ 목표를 향한 꾸준한 노력과 행동
⑤ 궁금한 것을 탐구하는 실험 정신

## 3 에이브러햄 링컨에 관하여 바르게 말한 친구의 이름을 쓰세요.

**희영** 에이브러햄 링컨은 실패에 굴하지 않고 끈기 있게 도전하는 열정과 의지로 마침내 흑인들을 고통에서 해방하고 미국 최고의 대통령이 되었어.

**승규** 에이브러햄 링컨은 새로운 것을 끊임없이 개발하려는 창의적인 생각으로 노예 제도를 만들어 냈어.

______________________

▶ 정답: 232쪽

# Ⅱ. '나'와 에이브러햄 링컨

STEP 1

## 동기 이해하기

목표를 향해서 행동을 시작하게 하는 힘이 동기예요. 동기는 하고자 하는 것을 이루는 데 큰 도움이 됩니다. 에이브러햄 링컨은 집안 형편이 어려워 학교도 제대로 다닐 수 없었고, 책을 살 돈도 없었어요. 하지만 공부를 하고 싶다는 강한 동기가 있었기에 틈나는 대로 책을 읽고 공부했지요. 링컨이 그토록 하고 싶어 한 공부를 할 때의 표정을 상상해 보고 아래에 그려 보세요.

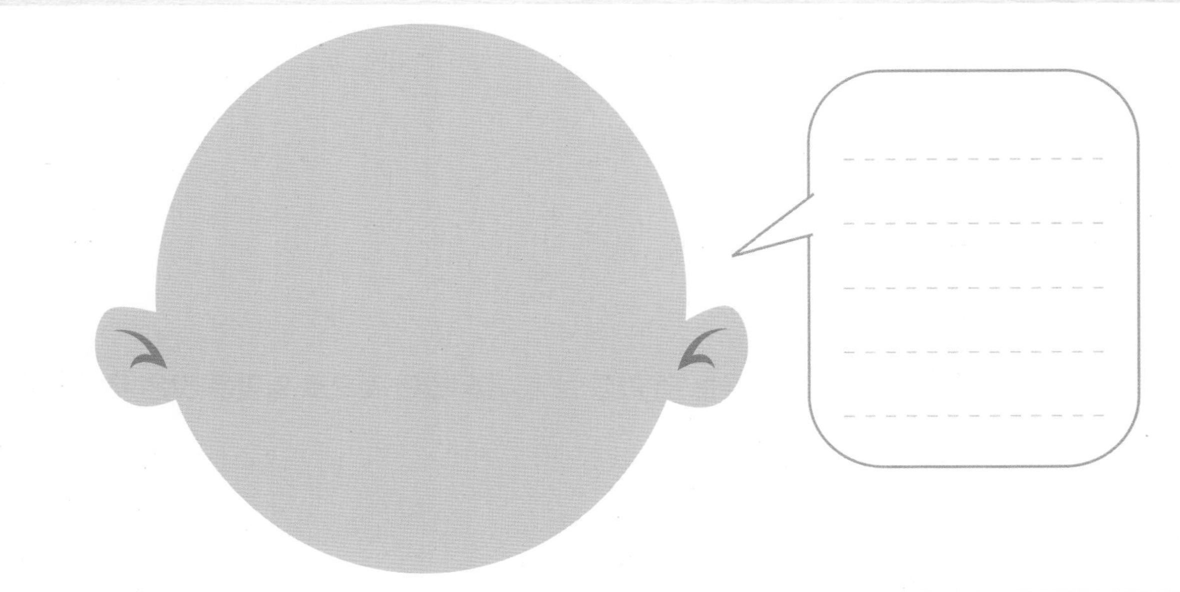

★ 표정을 그리기가 어렵다면 말로 설명해 보세요.

STEP 2

## 에이브러햄 링컨과 동기

괄호 안에 들어갈 알맞은 낱말을 써 보세요.

에이브러햄 링컨은 가난한 어린 시절을 보내는 등 많은 어려움을 겪었지만, 자신이 하고 싶어 했던 공부를 열심히 해서 변호사가 되었고, 결국 미국의 대통령까지 될 수 있었어.

➡ 에이브러햄 링컨처럼 무엇을 하고 싶다는 ( ㄷ ㄱ )를 갖고 꾸준히 노력하면, 자신이 하고자 했던 일을 이루게 될 가능성이 매우 커집니다.

STEP 3

## 동기 유지하기

- 동기를 가지고 있다고 해도 그 마음이 금방 식어 버린다면 소용이 없겠죠? 어떤 일에 흥미가 생겨 그것을 목표로 삼았다면, 그 일을 하고 싶게 만드는 마음인 동기를 유지하는 힘을 길러야 해요.

에이브러햄 링컨이 정식으로 학교에 다닌 기간은 채 1년이 안 되지만, 공부를 하고 싶다는 동기를 지속하여 행동으로 실천했고, 결국 미국의 대통령이 되었어.

그는 자신에게 주어진 위기와 힘겨움을 탓하기보다는 스스로 다독이며 이루고자 하는 목표를 향해 달려간 거야.

- 무언가 하고 싶은 일이 있을 때 끝까지 동기를 지속할 수 있도록 자신을 응원하는 말을 해 보세요.

**이것만은 꼭!**

에이브러햄 링컨을 떠올려 봐. 에이브러햄 링컨은 힘들면 자기 자신에게 "이제 나는 다시 시작한다. 힘을 내자. 링컨!"이라고 말했대. 긍정적인 마음가짐 덕분에 좌절하지 않고 다시 도전할 수 있었던 거지. 힘이 들면 링컨처럼 너 자신에게 응원의 말을 건네줘. "이제 나는 다시 시작한다. 힘을 내자. 나 자신!"이라고 말이야.

고구려의 부흥을 꿈꾼 정복왕

# 광개토 대왕

고구려의 제19대 왕인 광개토 대왕은 활발한 정복 활동을 벌이며 우리 역사상 가장 강대한 나라를 이끈 영웅이자, 백성을 사랑했던 자애로운 왕이었습니다. 다음은 광개토 대왕이 왕위에 오르기 전 생애 첫 전투를 끝냈을 때의 이야기입니다.

담덕(광개토 대왕의 어린 시절 이름)은 생애 첫 전투를 성공적으로 끝냈습니다.

챙

챙

챙

아닙니다,
모두 아버지의
은덕이옵니다.
척
네 활약 덕분에 승기를
잡았다. 첫 출전에서
큰 공을 세웠구나.

태자님의 지략 덕분에
승리할 수 있었습니다.
빙긋

아버지께
청이 있습니다.
꾸벅

제가 공을
세울 수 있었던 것은
병사들이 작전을
잘 따라 줬기 때문입니다.

그러니 그들에게
상을 내려 주십시오.

오호, 기특하구나.
어떤 전투든 승리 뒤에는
많은 병사의 고생이 있었음을
잊으면 안 된다.
끄덕
늘 가슴에
새기겠습니다!

그나저나 이대로
물러나긴 아깝습니다.
더 공격한다면 더욱 큰
성과를 얻지 않겠습니까?

이번 전쟁의 목적은
고구려를 넘보지 못하도록
우리의 힘을
보여 주는 것이다.
본격적으로 백제와
전쟁을 치르려면 지금보다
철저히 준비해야 해.

담덕은 아쉬운 마음이 들었지만 아버지 고국양왕의 말대로 물러설 수밖에 없었습니다.

좋긴 뭘 좋나! 가서 농사지을 생각은 안 하나?

그래도 목숨 붙어 돌아가는 게 어딘가?

화륵

전쟁이 없었다면 더 좋았겠지만…….

나도 함께 얘기해도 되겠소?

스윽

태자님!

전쟁에 대한 병사의 생각은 어떻소?

그것이…….

어려워 말고
솔직히 말해도
괜찮소.
사실……
나라만 생각한다면야
싸워 이기는 게
좋지요.

하지만 전쟁이 길어지면
농사지을 시기를 놓치기도
하고, 그럼 오히려
생활이 어려워집니다.
게다가 그것도
살아 돌아갔을 때
얘기지요.

나라의 힘을 키워
백성을 잘살게 하려고
전쟁을 한 것인데,
오히려 그들을 더 힘들게
했구나.

전쟁에 대한 자신의 생각과 백성의 생각이
다른 것을 알게 된 담덕은 고민에 빠졌습니다.
다각
다각
무슨 생각을
그리 하느냐?

아버지……. 백성을 위해
전쟁을 한다고 생각했는데,
오히려 그들을 힘들게
하는 것 같습니다.
휙

광개토 대왕에 관한 다음 글을 읽고 물음에 답하세요.

광개토 대왕은 374년(소수림왕 4년) 고구려 제17대 소수림왕의 동생 고이련의 아들로 태어났습니다. 어려서부터 병법에 관심이 많고 무예도 뛰어났던 광개토 대왕은 고구려가 주변의 여러 나라와 전쟁을 치르는 것을 보며 고구려를 강한 나라로 만들겠다는 의지를 품었습니다.

이 무렵 고구려는 백제, 신라뿐 아니라 중국의 여러 강력한 나라들과 국경을 맞댄 채 많은 어려움을 겪고 있었습니다. 이에 소수림왕과 제18대 고국양왕은 왕권을 키워 나라를 안정시키기 위해 노력했지요. 광개토 대왕은 열여덟 살에 고국양왕의 뒤를 이어 왕위에 오르게 됩니다.

왕위에 오른 광개토 대왕은 이를 발판 삼아 활발한 정복 활동을 벌였어요. 남쪽의 백제, 북쪽의 후연 등 국경을 접한 나라들을 모두 꺾으며 고구려를 누구도 함부로 넘볼 수 없는 강대한 대제국으로 키웠습니다. 광개토 대왕은 또한 독자적인 연호를 사용하여 고구려인의 자부심을 드높였습니다. 이 모든 것은 백성이 잘사는 나라를 만들기 위해서였습니다.

39년이라는 짧은 생애였지만, 그 누구보다도 치열한 삶을 산 광개토 대왕은 우리 역사상 가장 강대한 나라를 이끈 영웅이자, 누구보다도 백성을 사랑했던 자애로운 왕으로 기억되고 있습니다.

## 1 괄호 안에 들어갈 알맞은 말을 고르세요.

광개토 대왕은 활발한 정복 활동을 벌이며 고구려를 누구도 함부로 넘볼 수 없는 강대한 나라로 키웠던 고구려의 (　　　　　　)입니다.

① 왕
② 장군
③ 스님
④ 무관
⑤ 전략가

## 2 광개토 대왕이 꿈을 이루는 데 가장 큰 힘이 되었던 것으로 알맞은 것은 무엇인가요?

① 부모님의 이른 죽음
② 훌륭한 스승의 지도
③ 사회의 규칙과 관습을 준수하는 성실함
④ 고구려를 강한 나라로 만들겠다는 동기
⑤ 학문에 매진하여 직접 백성들을 교육하려 한 열정

## 3 광개토 대왕에 관하여 바르게 말한 친구의 이름을 쓰세요.

**아영** 광개토 대왕은 가난으로 힘겨워하는 백성들을 위해 직접 농사 방법을 연구하고 가르쳐 도움을 준 어진 왕이야.

**현수** 광개토 대왕은 백성들이 잘사는 나라를 만들기 위해 활발한 정복 활동을 벌이며 영토를 넓혀 갔어.

______________________

▶ 정답: 232쪽

STEP 1

## 동기 이해하기

동기를 갖는다는 것은 더 나은 방향으로 나아가기 위해 '무언가를 하겠다, 무언가를 하고 싶다' 라는 마음을 갖는 것을 의미해요. 광개토 대왕은 고구려가 주변의 여러 나라와 전쟁을 겪으며 고통받자 고구려를 강한 나라로 만들겠다는 동기를 갖게 되었고, 그 동기를 실현했어요. 무언가를 해야겠다는 결심을 했을 때 나의 표정은 어떨지 그려 보세요.

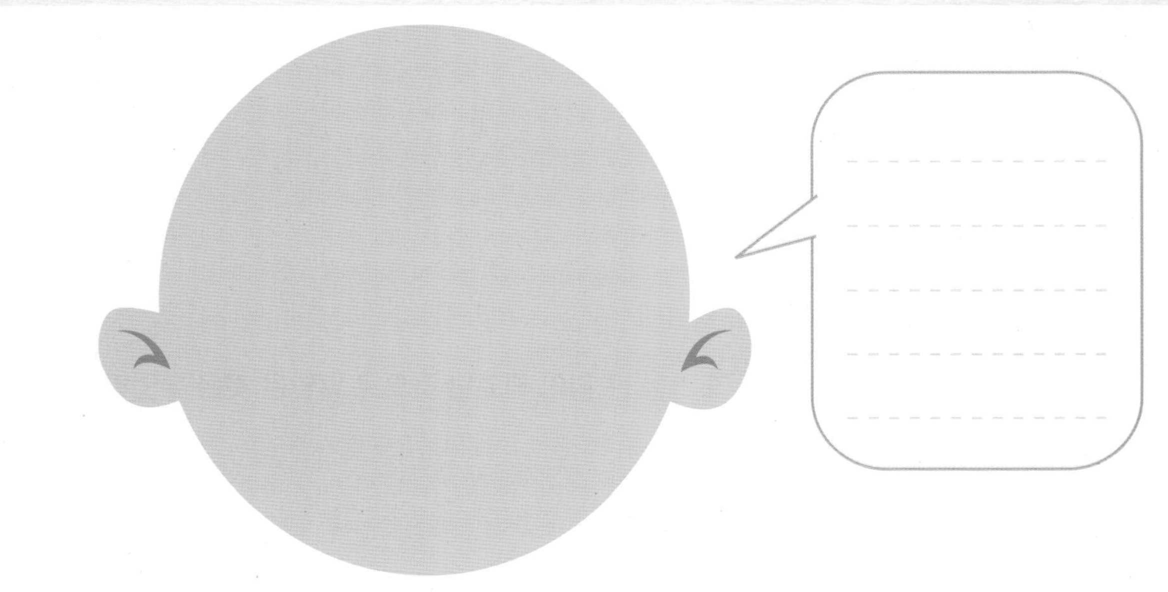

★ 표정을 그리기가 어렵다면 말로 설명해 보세요.

STEP 2

## 광개토 대왕과 동기

괄호 안에 들어갈 알맞은 낱말을 써 보세요.

광개토 대왕은 고구려를 강하고 안정된 나라로 만들고 싶다는 생각을 용기 있게 행동으로 옮겼어. 그가 이렇게 행동할 수 있었던 것은 백성들이 걱정 없이 편안하게 살도록 해주고 싶은 마음이 있었기 때문이야.

➡ 광개토 대왕처럼 무언가를 하겠다는 강력한 ( ㄷ ㄱ )를 갖게 되면 그것을 실천하고자 하는 용기가 생깁니다.

STEP 3

## 동기 강화하기

- 무언가를 하고 싶다는 동기를 강화하여 실천으로 이어지게 하려면 가장 먼저 나를 믿고 존중하는 마음이 있어야 합니다. 나 자신을 사랑하고 아끼면 내 생각을 그냥 흘려보내지 않고 행동으로 옮길 수 있습니다.

광개토 대왕은 고구려만의 연호를 사용했어. 연호는 한 황제가 다스리는 시기에 붙이는 이름으로, 보통 중국 황제만 만들어 쓰던 것이야.

광개토 대왕이 연호를 사용한 것에서 고구려가 중국의 눈치를 보지 않고 연호를 붙일 만큼 강력한 나라로 성장했으며, 이에 강한 자부심을 갖고 있었음을 알 수 있어.

- 방학 동안 내가 했던 결심 중에 스스로 생각하기에도 자랑스러웠던 것을 써 보세요.

광개토 대왕을 떠올려 봐. 광개토 대왕의 성공 비결은 백성들이 편안하게 살 수 있는 용맹스러운 고구려를 만들겠다는 강력한 동기였어. 이처럼 생각은 행동을 바꾸고 결국 삶 전체의 방향까지 바꿔 놓지. 지금부터 너도 네 행동을 더 나은 방향으로 바꿔 주는 좋은 생각, 좋은 결심을 해 봐.

주체적 삶을 열망했던 소설가

# 버지니아 울프

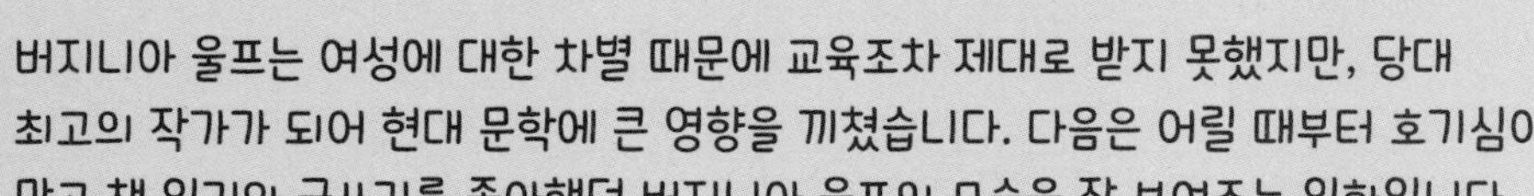

버지니아 울프는 여성에 대한 차별 때문에 교육조차 제대로 받지 못했지만, 당대 최고의 작가가 되어 현대 문학에 큰 영향을 끼쳤습니다. 다음은 어릴 때부터 호기심이 많고 책 읽기와 글쓰기를 좋아했던 버지니아 울프의 모습을 잘 보여주는 일화입니다.

목사님, 갈릴레이의
지동설이 뭐예요?
아, 그건
가정 교사에게
물어보거라.

버지니아는 어린 시절부터 호기심이 많았습니다. 하지만 주변 사람 누구도 버지니아의 궁금증을 제대로 해결해 주지 못했습니다. 버지니아가 뭔가 물어보려고 하면 어른들은 허둥지둥 자리를 떠나며 질색하곤 했습니다.
재는 골치 아픈
질문만 하더라.
얼른 피하자!
후
다
닥

흐음. 궁금한 게
정말 많은데
제대로 아는
사람이 없어.

아빠는 맨날 서재에
들어가서
나오지도 않아.

버지니아는 아버지의 서재에 틀어박혀
책 읽는 것을 좋아했어요.

사람들과 말하는 것보다 책 읽는 게 훨씬 재밌어.

내가 모르는 것도 책 속에 다 있고.

나중에 어른이 되면 숲속에 집을 짓고 마음껏 책을 읽을 거야.

버지니아,
이게 뭐야?
앗,
내 공책!

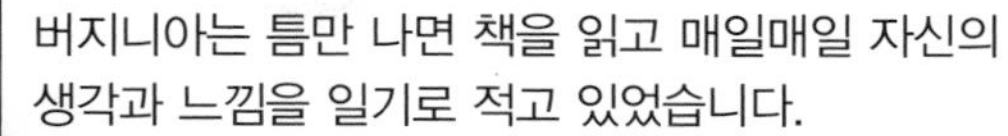
버지니아는 틈만 나면 책을 읽고 매일매일 자신의 생각과 느낌을 일기로 적고 있었습니다.

이거 정말로
네가 다 쓴 거니?
으응, 아직 다
쓴 건 아니야.

야~ 제법 괜찮은걸!
정말?

너 글재주가
있구나.
진짜야?
재능이 있다고?

진짜라니까!
열심히 해 봐!
알았어.
고마워, 언니!

하지만 버지니아는 어린 시절부터 극심한 남녀 차별을 경험했습니다. 남자 형제들은 정식으로 공부해 대학에 진학했으나 버지니아와 여자 형제들은 집에서 예절 교육과 교양 수업을 받을 뿐이었습니다.

책을 읽고 글을 쓰는 건 누군가에게 배우지 않아도 나 혼자 할 수 있어. 그러니까 열심히 하면 될 거야.
버지니아!
작가가 돼서 남자에게 얽매이지 않고 자유롭게 살 거야.

그럼 우리 여기서 공부하며 꿈을 키우자. 나도 화가가 되고 싶어.

둘이 손잡고 반드시 이 집을 나가자!
약속해!

버지니아는 아버지의 서재에서 작가 공부를 시작했습니다.
새로운 희망과 꿈으로 버지니아는 그녀를 괴롭혔던
정신 질환을 이겨 낼 수 있었습니다.

# I. 조목조목 인물 탐험

버지니아 울프에 관한 다음 글을 읽고 물음에 답하세요.

버지니아 울프는 1882년 영국 런던에서 태어났습니다. 어린 시절, 조용하고 내성적이었던 버지니아는 또래들과 어울리는 대신 아버지의 서재에 틀어박혀 책 읽기를 좋아했습니다. 버지니아가 책 읽기에 너무 빠져 지내자 아버지가 그녀의 서재 출입을 막았을 정도였지요.

버지니아가 살았던 시대에는 여자가 사회 활동을 하는 것보다는 좋은 집안의 남자와 결혼하는 것이 바람직하다고 여겼기 때문에, 그녀는 학교에서 정규 교육을 받지 못했어요. 하지만 아주 어릴 적부터 스스로 공부했고 차근차근 실력을 쌓아 나갔습니다. 버지니아에게는 작가가 되겠다는 꿈과 부모님의 품에서 독립하겠다는 꿈이 있었어요. 그녀는 이 두 가지 꿈을 반드시 실현하겠다고 마음먹었고, 이것을 '시간과의 싸움', '자기와의 싸움'이라고 생각했습니다. 그리고 결국 '작가'와 '독립'이라는 꿈을 모두 이루게 됩니다.

버지니아는 작품 활동을 하는 동안 계속해서 여성의 삶에 관해 썼습니다. 당시에는 당연하게 여겼던 남자와 여자의 차별이 불공평하다고 생각했던 것이죠. 여자들도 교육을 받고 직업을 가져서 경제적으로 독립할 수 있어야 한다고 여기고 스스로 그러한 삶의 모범이 되었습니다. 그래서 끊임없이 배우고 공부했고, 결혼 후에도 집필을 계속하여 작가라는 직업을 유지하며 경제적 수입을 얻었습니다.

버지니아는 평생 몸과 마음의 질병에 시달렸습니다. 하지만 자신의 고통을 승화시켜 빛나는 문학 작품을 쏟아 냈습니다. 그런 그녀의 노력 덕분에 버지니아는 독립적으로 자신의 삶을 꾸려 나간 것을 뛰어넘어 수많은 여성의 롤모델로서 우뚝 설 수 있었습니다.

## 1 괄호 안에 들어갈 알맞은 말을 고르세요.

버지니아 울프는 사회적으로 남자와 여자의 차별이 불공평하고, 여자가 경제적으로 독립하려면 남자처럼 교육을 받아 직업을 가져야 한다고 생각했기에 스스로 그러한 삶을 산 (            )입니다.

① 교사
② 작가
③ 성직자
④ 가수
⑤ 대통령

## 2 버지니아 울프가 꿈을 이루는 데 가장 큰 힘이 되었던 것으로 알맞은 것은 무엇인가요?

① 단짝 친구의 응원
② 풍부한 호기심과 무엇이든 직접 해보려는 실험 정신
③ 사회의 규칙과 관습을 준수하는 성실함
④ 경제적으로 풍요로운 가정환경
⑤ 자신이 옳다고 생각한 것을 실천하고 목표를 이루려는 노력

## 3 버지니아 울프에 관하여 바르게 말한 친구의 이름을 쓰세요.

**수아** 버지니아 울프는 작가라는 꿈과 독립이라는 꿈을 반드시 실현하겠다고 마음먹었고, 그것을 '시간과의 싸움', '자기와의 싸움'이라고 생각하며 꿈을 이루었어.

**규림** 버지니아 울프는 여자는 사회적인 활동보다는 좋은 집안의 남자와 결혼하는 것이 바람직하다고 여기고 이를 위해 열심히 노력했어.

____________________

▶ 정답: 232쪽

# Ⅱ. '나'와 버지니아 울프

STEP 1

## 동기 이해하기

목표를 달성하기 위해서는 분명한 동기가 있어야 합니다. 동기는 어떤 행동을 하거나 방향을 결정하고, 이것을 지속시키는 힘을 말하지요. 책을 좋아했던 버지니아 울프는 책을 가까이하며 작가가 되겠다는 꿈을 키웠어요. '작가'라는 꿈을 찾았을 때 버지니아 울프가 어떤 표정을 지었을지 그려 보세요. 또는 어떤 말을 했을지 써 보세요.

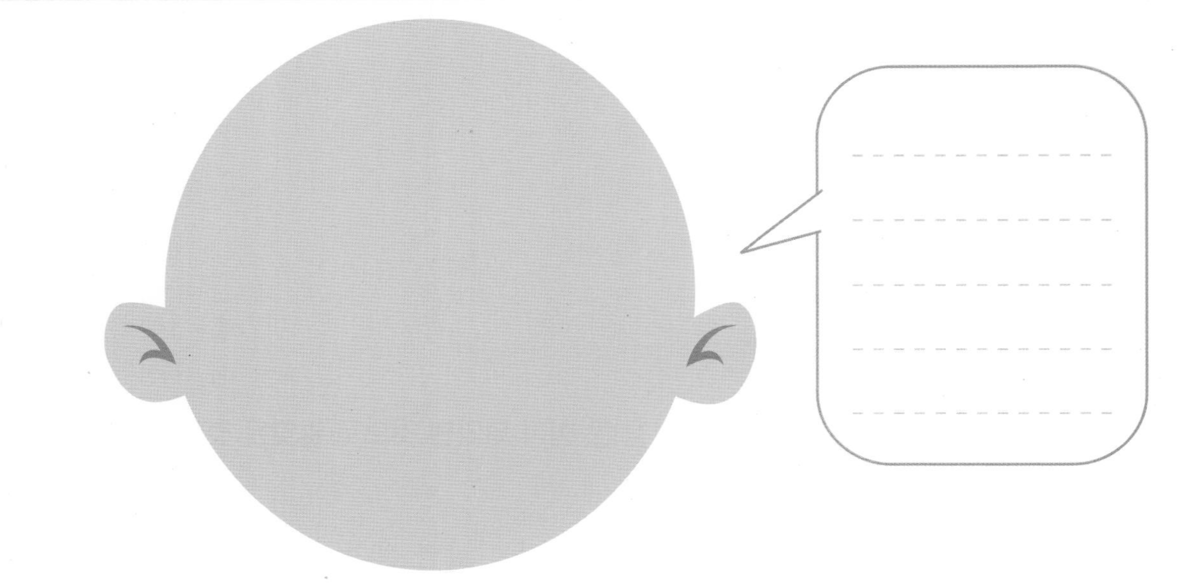

★ 표정을 그리기가 어렵다면 말로 설명해 보세요.

STEP 2

## 버지니아 울프와 동기

괄호 안에 들어갈 알맞은 낱말을 써 보세요.

책 읽기를 좋아하여 작가의 꿈을 키우게 된 버지니아 울프는 책을 읽고 나면 마음에 드는 대목을 노트에 베껴 적기도 하고, 책에 대한 감상을 메모하는 등 오늘날의 독서록과 같은 것을 꾸준히 작성하는 노력을 했어.

➡ 버지니아 울프는 작가가 되고 싶다는 ( ㄷ ㄱ )를 갖고 꾸준히 책을 가까이하고 독서록을 작성하면서 꿈을 실현하기 위해 노력했어요. 그래서 결국, 훌륭한 작가가 되었지요.

STEP 3

## 동기를 행동으로 옮기기

- 버지니아 울프는 동기를 바탕으로 꿈을 실현하기 위해 차근차근 준비했어요. 그녀의 철저한 자기 관리는 그 준비 과정의 일부였지요. 이렇게 동기를 갖는 것도 중요하지만 그 마음을 계속 간직하고 행동으로 옮기는 것도 매우 중요하답니다.

버지니아 울프는 여자아이들은 공부를 가르칠 필요도 없고 책 읽는 것조차 못마땅하게 여기던 시대에 살았지만, 작가가 되고 싶다는 강한 동기를 갖고 이것을 행동으로 옮기기 위해 늘 책을 가까이했어.

작가의 꿈을 이루기 위해 새로운 글쓰기 방법을 시도하는 등 여러 노력을 했고, 결국 빛나는 문학 작품을 탄생시켰지.

- 여러분은 꿈을 이루기 위해 현재 어떤 노력을 하고 있나요?

**이것만은 꼭!**

버지니아 울프를 떠올려 봐. 버지니아 울프는 동기를 유지하고 끝없이 노력하면서 조금씩 꿈을 향해 나아갔어. 만약 버지니아 울프가 기분에 따라 즉흥적으로 행동하는 사람이었거나 사회의 흐름에 순응하는 사람이었다면 꿈과 멀어졌을 수도 있지. 하고 싶은 것을 정했다면 스스로 격려하고 시간을 잘 활용하면서 끝까지 도전하는 것을 잊지 마.

고통을 예술로 승화시킨 음악가

# 루트비히 판 베토벤

베토벤은 청각을 잃은 시련을 이겨 내고 인생의 모든 경험이 담겨 있는 곡을 만들어 많은 사람들에게 감동을 주었어요. 다음은 베토벤이 청력에 문제가 생겨 음악 활동에 어려움을 겪을 무렵의 이야기입니다.

웅

뭐지? 귀가 이상해.

웅

귀에서 울리는 소리가 계속 나자 베토벤은 의사를 찾아갔습니다.

안 좋은 건가요? 귀에 무슨 이상이 있는 건 아니겠죠?

주위가 시끄러울 때나 높은 음이 잘 안 들려요.

잠시 그러다가 괜찮아질 수도 있습니다.

술은 당분간 자제하시고 근처 온천에서 요양하는 게 좋겠습니다.

어느 정도 지난 후에 다시 진찰하도록 하지요.

네.

베토벤의 귓병은 연주 중에도 그를 괴롭히기 시작했습니다.

어제는 내가 너무
과민했던 거야.
그런데 밖이 왜
이리 조용하지?

소리가 왜 이렇게
작게 들리지?

얼마 전부터 귀가 더
안 좋아진 것 같아.
우선 사람들이 모르게
해야 해.
내가 귀 때문에 의사를
만나는 게 알려지면
음악가로서 치명타를
입을 수도 있어.

청력이 약해지면서 베토벤은 사교 모임에도 나가지 않고 사람들과 어울리기를 꺼렸습니다. 리히노프스키 공작으로부터 받는 후원금에, 작품집도 잘 팔려서 경제적인 불편함은 없었지만 귓병으로 인해 그의 생활은 엉망이었습니다.

아니야, 아니야!

음악가로서 능력을 발휘할 수 있는 가장 좋은 시절이 너무나 빨리 사라져 가고 있어.

나는 이제 어쩌지?

이 시련을 어떻게 이겨 낼 수 있단 말인가?

귓병이 악화되어 갈수록 베토벤은 오히려 음악 속에 살면서 자신만의 새로운 음악을 만들어 내는 데 집중했습니다. 엎친 데 덮친 격으로 사랑했던 여인마저 떠나버리자 베토벤에게 가장 큰 기쁨은 음악 작업을 하는 것뿐이었습니다.

1802년 여름, 베토벤은 의사의 권고를 받아들여
빈 교외에 있는 하일리겐슈타트에서 요양을 하며 지냈습니다.
아, 맑은 공기와 푸른 들판, 이런 곳에 있으면 깊은 병도 절로 낫겠구나.
하지만 예상과 달리 귓병은 더욱 심해졌고,
청력 장애에 대한 두려움과 고통에 시달리던 베토벤은
삶을 포기한 채 유서를 쓰기도 했습니다.
나의 동생 카를에게, 누군가 멀리서 들리는 플루트 소리를 듣는데 나는 아무것도 들을 수 없거나, 누군가 양치기가 부르는 소리를 듣는데 나는 아무것도 들을 수 없을 때 나는 심하게 부끄러워진단다.
이런 일들은 나를 절망에 빠뜨리고, 생을 마감하고 싶게 만들지만 그럴 때마다 나를 붙잡는 것은 오직 나의 예술이었다.
카를, 내가 죽거든 의사에게 나의 병에 대해 써 달라고 부탁해서 세상 사람들이 내가 죽은 후에도 나에 대해 조금이라도 이해할 수 있게 해다오. 너는 나보다 더 자유로운 삶을 살길 바란다. 행복해라.
-루트비히 판 베토벤

나는 아직 할 일이 많아.
새로운 음악에도 도전해 보고 싶어. 만약 죽는다면 아무것도 이루지 못하겠지.
영웅의 음악도 만들어야 하는데…….

영웅의 음악을 아직 완성하지 못했어!

**루트비히 판 베토벤에 관한 다음 글을 읽고 물음에 답하세요.**

루트비히 판 베토벤은 1770년 독일에서 태어났습니다. 할아버지가 궁정의 음악가였고, 아버지 또한 궁정의 가수이자 음악 교사이기도 했습니다. 베토벤은 네 살이 되던 해부터 아버지에게 직접 음악을 배웠습니다. 베토벤의 아버지는 학대나 다름없을 정도로 베토벤에게 매우 엄격했다고 해요.

베토벤은 음악가가 된 후, 교향곡 작곡을 시작할 무렵 친구 베겔러에게 "귀에서 휘파람 소리나 윙윙거리는 소리가 밤낮으로 들리고 다른 사람의 말을 잘 알아듣지 못한다"는 내용의 편지를 보내며 괴로워하기도 했습니다. 그리고 자살을 결심하고 유서까지 썼습니다. 음악가에게 귀가 들리지 않는다는 건 상상할 수 없는 큰 장애이기 때문이지요.

하지만 이 같은 고난이 베토벤의 음악에 대한 사랑, 작곡에 대한 열정을 막지는 못했습니다. 나중에 베토벤은 완전히 청력을 잃어버렸지만, 장애를 딛고 일어나 후대에 전해지는 훌륭한 음악을 작곡했습니다.

베토벤을 보통 '악성(樂聖)'이라고 부릅니다. '악성'은 '음악의 성인'이란 뜻이에요. 처절한 운명과 싸워 위대한 음악을 남긴 음악가이기에 붙여진 별명이지요. 베토벤은 평생 불행과 맞서 싸우며 살았습니다. 아버지의 학대에도 불구하고 자신만의 음악 세계를 펼치기 위해 노력했고, 귀가 들리지 않는 장애에 시달리면서도 끝까지 음악가의 길을 걸었습니다. 이러한 베토벤의 삶은 그의 음악에 고스란히 담겨 여전히 사람들에게 더욱 큰 감동을 주고 있습니다.

## 1 괄호 안에 들어갈 알맞은 말을 고르세요.

루트비히 판 베토벤은 아버지의 학대와 난청이라는 처절한 운명에 맞서 꿈을 이뤄 낸 위대한 (　　　　　　)입니다.

① 지휘자
② 군인
③ 간호사
④ 작곡가
⑤ 조각가

## 2 루트비히 판 베토벤이 꿈을 이루는 데 가장 큰 힘이 되었던 것으로 알맞은 것은 무엇인가요?

① 궁금증과 호기심
② 다른 음악가의 영향을 받지 않은 독창성
③ 아버지의 무관심
④ 고난에 굴하지 않는 음악에 대한 열정
⑤ 건강한 신체

## 3 루트비히 판 베토벤에 관하여 바르게 말한 친구의 이름을 쓰세요.

**현주** 루트비히 판 베토벤은 가정 형편이 어려워서 교육을 제대로 받지 못했지만, 스스로 공부해서 결국 꿈을 이루었어.

**소임** 귀가 들리지 않는 장애에 시달리면서도 끝까지 음악가의 길을 걸었던 베토벤은 '악성'이라고 불리고 있어.

____________________

▶ 정답: 232쪽

# II. '나'와 루트비히 판 베토벤

STEP 1

## 동기 유지하기

베토벤의 음악이 늘 좋은 평가를 받기만 했던 것은 아니에요. 하지만 베토벤은 음악에 대한 사랑과 노력을 바탕으로, 포기하지 않고 끝까지 음악에 대한 열정을 간직했습니다. 그는 힘이 들 때마다 자신을 위로하며 다시 한번 의지를 다졌을 거예요. 그때 베토벤이 어떤 표정을 지었을지 그려 보세요. 또는 어떤 말을 했을지 써 보세요.

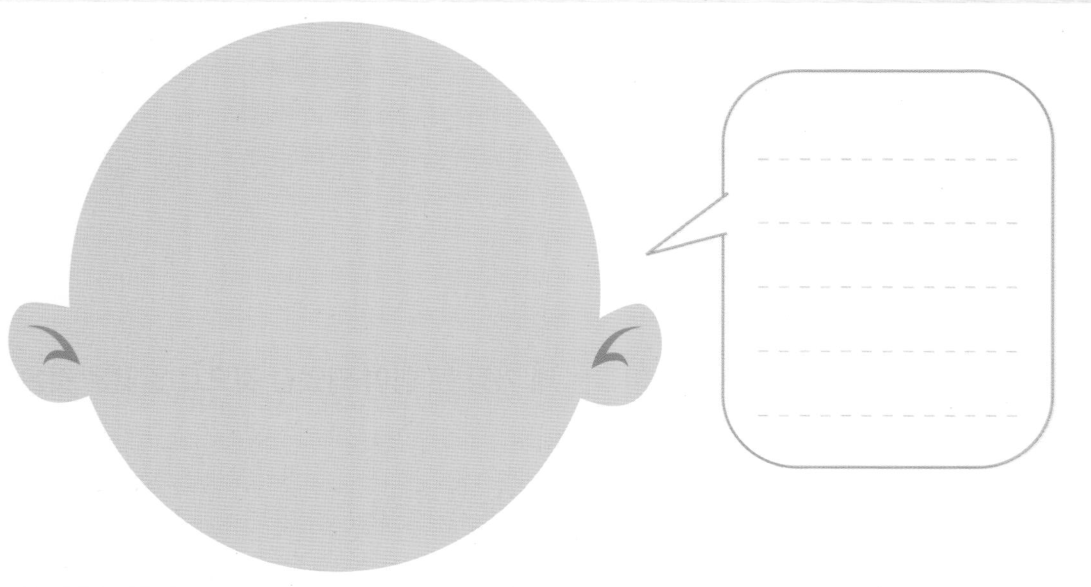

★ 표정을 그리기가 어렵다면 말로 설명해 보세요.

STEP 2

## 루트비히 판 베토벤과 동기

괄호 안에 들어갈 알맞은 낱말을 써 보세요.

베토벤의 스승 네페는 자신의 보조 오르간 연주자로 베토벤을 임명했어. 이 시기에 베토벤은 자신의 바람대로 뛰어난 작곡가가 되기 위해 정말 열심히 연습하고 연주했어.

➡ 베토벤은 자신을 음악가로 성장시켜 줄 스승을 찾고 다양한 음악 활동에도 열심히 참여함으로써 음악가가 되고 싶다는 자신의 ( ㄷ ㄱ )를 꿈으로 실현할 수 있었어요.

STEP 3

## 동기를 행동으로 옮기기

- 베토벤은 음악에 대한 열정을 바탕으로 훌륭한 작곡가가 되기 위해 음악 공부와 연주 활동을 멈추지 않았어요. 이처럼 목표를 위한 동기가 충분히 채워졌다면, 동기를 효과적으로 실현하는 방법을 찾아 꾸준히 노력해야 합니다.

베토벤은 자신의 꿈을 실현하기 위해 자신을 성장시켜 줄 스승을 찾았어.

베토벤은 다양한 음악 활동에도 열심히 참여하며 자신의 꿈을 실현하는 데 초점을 맞춰 시간을 활용했어.

- 여러분은 동기를 실현하기 위해 현재 어떤 노력을 하고 있나요?

베토벤을 떠올려 봐. 베토벤은 평생 불행에 맞서 싸우며 살았어. 너무 힘들어서 포기하고 싶은 순간도 많았지만 그럴수록 베토벤은 꿈을 위해 더욱 치열하게 노력했어. 베토벤의 그런 삶은 그의 음악에 고스란히 담겨 있어. 세월이 흘러 시대가 변했어도 베토벤의 음악은 여전히 살아 숨 쉬는 것처럼 느껴지지. 잊지 마, 네가 동기를 잃지 않고 노력한다면 네가 생각하고 있는 그 꿈을 꼭 이룰 수 있어.

페니실린을 발견한 미생물학자

# 알렉산더 플레밍

인류 최초의 항생제인 페니실린을 발견한 알렉산더 플레밍은 세균에 맞서 인류의 건강을 지키는 데 크게 공헌한 미생물학자입니다. 다음은 자연 속에서 뛰놀며 자연에서 모든 것을 배우던 그의 어린 시절 이야기입니다.

알렉산더,
그만 보고 어서 가자.
학교 늦는단 말이야.
형, 나비를
조금만 더
관찰하다 가면
안 될까?
안 돼!
어서 학교에 가야 해.

매일 학교를 오가는 동안, 알렉산더는
자연에서 접하는 많은 것을 배우고 주위 사물을
예리하게 관찰하는 능력을 키울 수 있었습니다.
너 때문에
지각하게 생겼잖아!
미안해,
형!

선생님이 칠판에 필기하는 동안
조용히 따라 적으세요.
빼꼼

살금
살금

한번은 풀밭에 누워 풀을 뜯고 있는
양들을 바라보고 있었어요.
음매~

음매~

어, 왜 저러지?

형, 일어나 봐.

무슨 일인데?
저 양 좀 봐. 이상하지 않아?
음매~

형, 양이 다리를
다쳤나 봐.
어떡하지?
음매~
우선 상처를 붕대로
감아야 하는데…….

붕대는 집에 있잖아.
집까지 갔다 오기에는
너무 먼데, 어쩌지?

아, 그래!
손수건이
있었지.

이렇게 상처를
묶어 주면,
치료 끝!

어때, 내 솜씨가?
꼭 의사 선생님 같지 않아?
오, 대단한데!

며칠 뒤
너희 둘, 양이 다쳤으면 나한테 바로 말했어야지. 양이 이렇게 될 때까지 그냥 놔두면 어떡하니?

그냥 놔두지 않았어. 내가 상처를 치료해 줬단 말이야. 톰 형이 내 팔에 손수건을 감아 줬던 것처럼 나도 똑같이 해 줬다고.

맞아, 알렉산더가 치료해 줬어.
이렇게 더러운 손수건으로 다리를 감싸면 상처가 세균에 감염되잖아!
세균?
세균이 뭐야?
눈에 보이지 않는 작은 생물인데, 상처에 세균이 들어가면 덧난단 말이야.

형, 그럼 양을 치료할 방법은 없는 거야?
톰 형은 아는 게 많으니까 치료 방법도 알 거 아니야?

소독약을 쓰기에는 너무 늦은 것 같아. 방법이 없어.

그럼, 저 양은 어떻게 되는 거야?
스스로 낫지 않으면 죽을 수도 있어.

아빠처럼 양이 죽는다고?

양을 꼭 치료해 주고 싶었는데. 미안해, 양아.
내가 이다음에 어른이 되면, 의사가 될게. 그래서 아픈 사람도, 아픈 동물도 모두 오래 살 수 있게 치료해 줄 거야.
음매~

# I. 조목조목 인물 탐험

**알렉산더 플레밍에 관한 다음 글을 읽고 물음에 답하세요.**

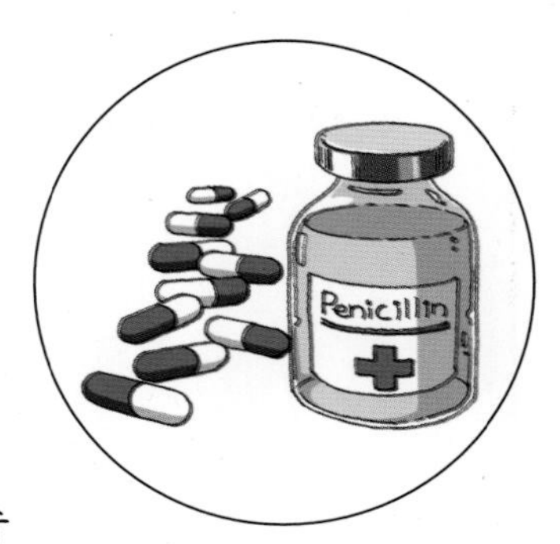

알렉산더 플레밍은 1881년 스코틀랜드의 가난한 농가에서 태어났습니다. 그는 여유롭지 못한 환경 탓에 많은 역경과 좌절을 겪었지만, 모든 것을 극복하고 훌륭한 미생물학자가 되어 인류 최초의 항생제인 페니실린을 발견했어요. 페니실린이 발견되기 전에는 작은 상처에도 세균에 감염되어 목숨을 잃거나 수많은 전염병에 고통스러워하는 사람들이 많았답니다.

알렉산더 플레밍이 페니실린을 발견할 수 있었던 것은 그의 뛰어난 관찰력 덕분이었습니다. 그는 사소한 것도 그냥 지나치지 않고 관찰하는 습관이 있었어요. 그랬기에 콧물과 곰팡이로 오염된 배양 접시를 보고도 실험을 망쳤다고 실망하지 않았습니다. 대신 '왜 이렇게 됐지?'라고 궁금해하면서 오염된 배양 접시를 거듭 연구한 결과 새로운 물질인 라이소자임과 페니실린을 발견할 수 있었지요.

이렇게 알렉산더 플레밍이 우연한 발견을 위대한 발견으로 발전시킨 것은 그의 뚜렷한 목표의식에서 비롯되었습니다. 직장 생활을 하던 알렉산더가 다시 의사가 되려고 마음먹은 것은 병든 사람들을 치료하고 싶다는 뚜렷한 목표가 있었기 때문입니다.

알렉산더 플레밍은 페니실린으로 치료 약을 만드는 과정에서 수없이 많은 실험을 했지만, 끝내 실패하고 말았습니다. 하지만 낙담하거나 포기하지 않고, 오히려 실패를 철저히 분석하고 기록했어요. 이러한 기록은 훗날 다른 연구팀이 페니실린을 정제하는 데 큰 도움을 주었습니다.

'기회는 노력하는 사람에게 찾아온다'는 평범한 진리를 몸소 실천한 과학자, 알렉산더 플레밍. 위대한 발견으로 수많은 사람의 생명을 구한 알렉산더 플레밍의 업적은 우리 모두에게 영원히 기억될 것입니다.

## 1 괄호 안에 들어갈 알맞은 말을 고르세요.

알렉산더 플레밍은 인류 최초의 항생제인 페니실린을 발견한 훌륭한 (            )입니다.

① 시인
② 영양사
③ 군인
④ 조종사
⑤ 미생물학자

## 2 알렉산더 플레밍이 꿈을 이루는 데 가장 큰 힘이 되었던 것으로 알맞은 것은 무엇인가요?

① 국가의 전폭적인 지원
② 과학자였던 아버지의 연구 자료
③ 성공적인 실험 결과
④ 많은 사람들의 응원과 격려
⑤ 뛰어난 관찰력과 목표의식

## 3 알렉산더 플레밍에 관하여 바르게 말한 친구의 이름을 쓰세요.

**추아** 알렉산더 플레밍은 과학자가 아니었지만, 과학자 못지않은 굳은 의지와 경쟁의식으로 결국 성공하여 최초의 주사약을 만들었어.

**소망** 알렉산더 플레밍은 실험 결과가 원하는 대로 나오지 않아도 실망하지 않고 거듭 연구한 결과 새로운 물질을 발견하여 인류를 도울 수 있었어.

______________________

▶ 정답: 233쪽

# II. '나'와 알렉산더 플레밍

STEP 1

## 내재적 동기 알아보기

내재적 동기란, 남이 시켜서 하거나 보상을 바라고 하는 것이 아니라, 나 스스로 어떤 일에 흥미를 느끼고 그 일이 좋아서 하는 마음을 가리켜요. 알렉산더는 자신이 무슨 일을 하고 싶어 하는지 고민했고, 결국 그것을 찾았어요. 내재적 동기가 발현되었기에 위대한 발견이 가능했던 거예요. 자신이 무엇에 관심이 있는지를 탐색할 때 알렉산더가 어떤 표정을 지었을지 그려 보세요.

★ 표정을 그리기가 어렵다면 말로 설명해 보세요.

STEP 2

## 알렉산더 플레밍과 동기

괄호 안에 들어갈 알맞은 낱말을 써 보세요.

어느 날 한 친구가 알렉산더의 허름한 연구실에 방문하고는 깜짝 놀라며 좀 더 좋은 연구실에서 연구했더라면 좋았을 거라고 안타까워했어. 그러자 알렉산더는 오히려 연구실이 열악했기에 창틈으로 곰팡이가 날아들어 페니실린을 발견할 수 있었다며 웃었어.

➡ 알렉산더 플레밍은 명확한 목표가 생긴 뒤로는 어떤 것에도 불평하거나 흔들리지 않고 항상 감사하는 마음으로 자신의 ( ㄷ ㄱ )를 유지해 나갔어요.

STEP 3

## 동기 발전시키기

- 무엇을 하고 싶은지 끊임없이 생각하고 고민하면 동기를 찾을 수 있어요. 동기를 찾았다면 나만의 방법으로 동기를 발전시켜야 해요.

알렉산더 플레밍은 학교를 졸업하고 나서도 미래에 대한 확실한 목표가 없었어. 하지만 늘 자신이 무엇을 하고 싶어 하는지 고민했지.

자신이 의학에 관심이 있다는 것을 깨달았고, 뛰어난 관찰력과 목표의식으로 결국 인류에게 큰 선물이 된 놀라운 발견을 했어.

- 여러분은 무엇을 하고 싶은가요? 무언가를 하고 싶은 그 마음을 발전시키기 위해 어떤 노력을 할 것인가요?

| 내가 하고 싶은 것 | 내가 할 수 있는 노력 |
|---|---|
| | |

### 이것만은 꼭!

알렉산더 플레밍을 떠올려 봐. 알렉산더 플레밍은 연구실에서 실험을 하다가 우연히 눈에 띈 곰팡이를 열심히 관찰한 덕분에 페니실린을 발견할 수 있었어. 사소한 것까지 놓치지 않고 관찰했던 알렉산더의 습관 덕분에 많은 사람이 세균의 공격으로 질병에 걸릴 걱정 없이 살 수 있게 된 거야. 너도 너의 동기를 발전시킬 수 있는 좋은 습관을 가져 봐!

신라의 해상 무역 일인자

# 장보고

통일신라의 장군 장보고는 해적을 소탕하고 활발한 해상 무역을 이끌면서 국제적으로 위용을 떨쳐 '해상왕'으로 불린 인물입니다. 다음은 장보고가 당나라에서 장군으로 있을 때 겪은 일입니다.

신라인이자 당나라 장군인 장보고가 당나라의 한 시장을 지나고 있을 때였습니다.

여기 성실한 신라인 노예들이 있습니다. 골라 보세요~

무슨 일이든 해내는 일꾼들입니다. 밥도 조금만 주면 됩니다!

신라인들이
어찌하여 당에서
이리도 참혹한 생활을
하고 있단 말인가!

9세기 당에는, 먹고살기 어려워 무작정 신라를 떠났거나
해적에게 붙잡혀 온 신라인들을 사고파는 노예 시장이 있었습니다.

신라인이 노예로 팔리는 것을 본 장보고는 큰 충격에 빠졌습니다.
신라의 작은 섬마을에서 가난한 어부의 아들로 태어난 탓에, 늘 바다 너머 세상을 꿈꾸었지.
그러다 당에 건너와 무령군 소장의 자리에까지 올라섰다. 지긋지긋한 가난과 신분의 한계를 딛고 꿈을 이루어 낸 것이야.
하지만 나처럼 운이 좋은 신라인은 많지 않다. 지금도 내 조국 신라는 혼란에 빠져 있고, 백성들은 어려운 삶을 살고 있다.
그동안 난, 나 홀로 잘 먹고 잘살기 위해 성공을 꿈꾸어 왔단 말인가!

지금까지는……
내 성공만을 위해
살아왔다.
하지만
이제부터의 삶은 다르다.
내가 태어난 신라와
어려움에 부닥쳐 좌절하는
신라 사람들을 위해
내 남은 삶을 바칠
것이다!
이날의 사건은 훗날,
해적으로 들끓던 신라 바다를 평정하고
바닷길을 통해 신라의 무역을 발전으로 이끈
해상 무역왕 장보고를 탄생시켰습니다.

CHAPTER 1 동기

8세기 말, 신라의 작은 섬마을에 신분의 벽에
가로막혀 절망하던 소년이 있었습니다.
하지만 주저앉는 대신 당나라로 건너간 소년은 스스로의 노력만으로
무령군 소장에까지 올라섰습니다.

그리고 그 성공에 머물지 않고
고향으로 돌아온 장보고는
청해진을 건설하고 해적을 물리쳐
해상 왕국을 이끌었습니다.
골품 제도라는 사회적 장벽에도 포기하지 않고,
자신의 꿈을 향해 나아가 해상왕의 자리에까지 오른
장보고의 도전 정신은 오늘날 우리에게 큰 감동을
주고 있습니다.

# I. 조목조목 인물 탐험

**장보고에 관한 다음 글을 읽고 물음에 답하세요.**

신라의 작은 섬마을에서 평민으로 태어난 장보고는 신분의 한계 때문에 장군이 되려는 꿈을 이룰 수 없음을 깨달았습니다. 하지만 현실에 좌절하는 대신 당으로 건너갔습니다. 그리고 외국인 용병으로 지원해 당나라 군대인 무령군에서 장교의 자리까지 오르며 꿈을 이루었습니다.

당나라에서 일하던 장보고는 신라인들이 노예로 거래되는 것을 보고 충격을 받고 신라로 돌아가기로 마음먹습니다. 신라 앞바다에서 해적을 소탕해야 신라인이 노예로 끌려가는 것을 막을 수 있다고 생각한 것이었죠. 장보고의 굳은 의지에 감동한 신라의 흥덕왕은 군사 1만 명을 지원해 준 다음 그를 청해진 대사로 임명했습니다. 청해진은 완도 근처의 장군섬(오늘날의 장군도)에 건설되었어요.

장보고는 군사들과 함께 완도에 군사 기지를 지었고, 튼튼한 배를 건조하는 동시에 항만 시설까지 만들어 청해진을 '당-신라-왜'의 국제 무역을 연결하는 중심지로 만들었습니다. 그래서 당시 청해진은 여러 나라의 상인들과 외국 배들이 넘쳐나는 활기찬 곳이 되었지요.

소년 시절, 골품제도라는 사회적 장벽에도 뒤로 물러서는 대신 새로운 목표를 세우고 끊임없이 노력했기에 장보고는 훗날 청해진을 건설하고 해적을 물리쳐 마침내 해상왕국을 이끄는 자리까지 오를 수 있었습니다. 장보고의 목표를 향한 도전 정신은 오늘날까지 우리 모두에게 큰 감동을 줍니다.

## 1 괄호 안에 들어갈 알맞은 말을 고르세요.

장보고는 신라 시대에 평민의 신분으로 태어났지만, 자신의 꿈을 이루기 위해 당나라에 가서 외국인 용병이 되었고, 결국 (　　　　　)가(이) 되어 해상왕국을 이룩했습니다.

① 의사
② 수의사
③ 청해진 대사
④ 군인
⑤ 건축가

## 2 장보고가 꿈을 이루는 데 가장 큰 힘이 되었던 것으로 알맞은 것은 무엇인가요?

① 가난한 환경
② 당나라 여행 경험
③ 흥덕왕의 무관심
④ 목표를 향한 끊임없는 노력
⑤ 뛰어난 수영 실력

## 3 장보고에 관하여 바르게 말한 친구의 이름을 쓰세요.

**주한** 장보고는 당나라에서 태어나 무령군의 장교가 되었어. 바다에서는 장보고를 이길 사람이 없었고, 결국 큰 무역을 하는 상인이 되었어.

**정규** 장보고는 신라 시대 사람이야. 청해진을 건설하고 해적을 물리쳐서 해상왕국을 만들었지.

______________________

▶ 정답: 233쪽

# Ⅱ. '나'와 장보고

STEP 1

## 목표 세우기

꿈을 이루기 위한 동기를 찾았다면 그다음으로 목표를 세워야 합니다. 구체적인 목표를 세우고 자세히 고민해 보는 시간이 필요하지요. 단기 목표든 장기 목표든 상관없어요. 장보고는 해적을 소탕하고 해상왕국을 만들겠다는 목표를 세웠어요. 이때 장보고가 어떤 표정을 지었을지 그려 보세요. 또는 어떤 말을 했을지 써 보세요.

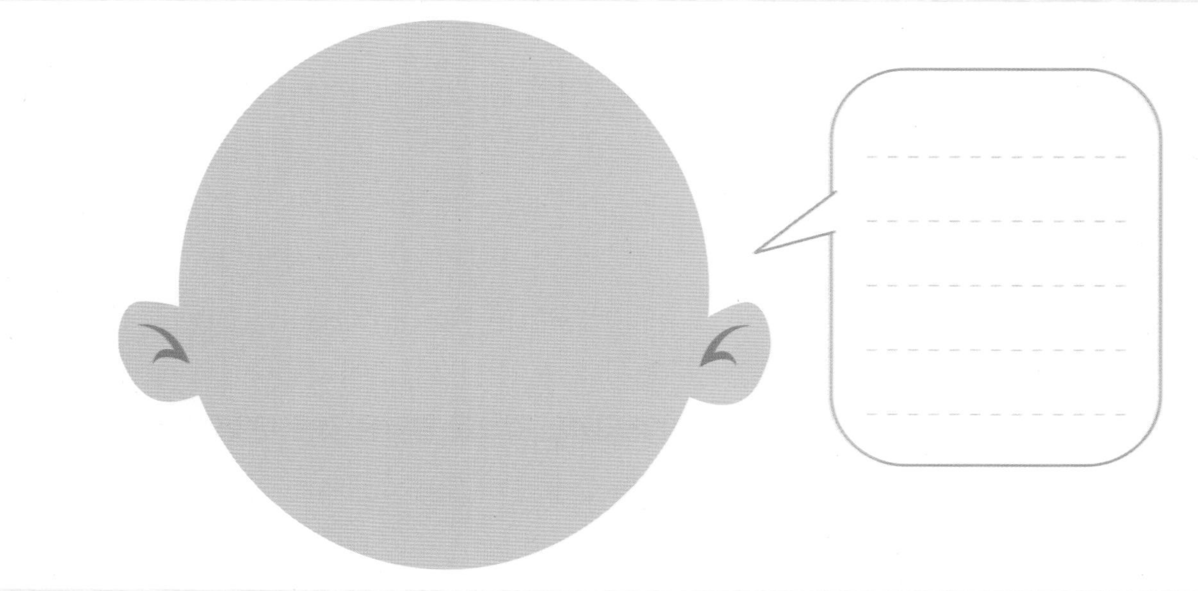

★표정을 그리기가 어렵다면 말로 설명해 보세요.

STEP 2

## 장보고와 동기

괄호 안에 들어갈 알맞은 낱말을 써 보세요.

장보고는 당나라에 가서 무령군의 장군이 되어 꿈을 이루었어. 하지만 해적들이 신라인들을 괴롭히는 것을 보고, 해적을 소탕하고 해상왕국을 건설하겠다는 또 다른 꿈을 품게 되었고, 결국 그 꿈을 이루었지.

➡ 장보고는 신라인들을 괴롭히는 해적을 소탕하겠다는 ( ㄷ ㄱ )를 가지고 새롭게 목표를 세워 '해상왕국 건설'이라는 꿈을 실현했습니다.

## STEP 3 자기 충족적 예언과 성공 경험

- 꼭 이루고 싶은 일이 있을 때, 할 수 있다고 믿으면서 계속해서 머릿속으로 되뇌거나 말하면 실제로 이루어질 가능성이 커져요. 이것을 '자기 충족적 예언'이라고 해요.

장보고는 당나라에 가서 장교가 되겠다는 다짐을 늘 마음속으로 되뇌었고, 결국 이를 이뤘어. 이후에, 고통받는 신라인들을 위해 해적을 소탕하겠다고 결심했을 때도 할 수 있다는 확고한 믿음이 있었지.

그랬기 때문에 자신의 꿈을 흥덕왕 앞에서 용기 있게 말할 수 있었고, 그런 장보고에게 감동한 흥덕왕이 든든한 지원을 해 준 거야. 결국, 장보고는 청해진을 건설하고 해상왕국을 만들었어.

- 여러분은 목표를 세우고 성공적으로 이루어 낸 경험이 있나요?

장보고를 떠올려 봐. 장보고는 신분의 한계에 부딪혔을 때도 좌절하기보다는 이를 슬기롭게 받아들여 더욱 노력하는 계기로 삼았어. 너도 목표를 향해서 용감하게 나아가 봐. 실패하더라도 너를 응원하는 사람들이 있다는 것을 잊지 말고 다음을 위한 경험을 쌓았다고 생각해. 너는 할 수 있어!

# 인 지

8강. 스티븐 호킹

9강. 장 앙리 파브르

10강. 장영실

장애를 이겨 낸 천재 물리학자

# 스티븐 호킹

스티븐 호킹은 루게릭병을 앓으면서도 우주의 비밀을 밝히고 대중에게 천체 물리학을 쉽게 알려 주려고 애쓴 천재 물리학자입니다. 다음은 스티븐 호킹의 연구 열정을 보여주는 일화입니다.

스티븐 호킹은 천체 물리학의 발전에 기여했을 뿐 아니라, 대중이 쉽게 이해할 수 있는 물리학 책도 써냈습니다. 특히 1988년 출간된 《시간의 역사》는 많은 인기를 끌었습니다. 우주에 대한 관심이 높아진 일반인과 학생의 강연 요청이 쇄도했고, 그는 세계 각지를 돌며 이에 응했습니다.

그 후로는 절망하거나 화내지 않았습니다. 아니, 차라리 몸이 불편하다는 것을 잊어버리기로 했습니다. 지금 저는 아주 행복합니다.

여러분, 희망을 가지세요. 그리고 용기를 내세요. 이루지 못할 일은 없답니다.

와아아

짝짝짝

무리한 일정으로 인해
건강이 나빠질 대로 나빠진 호킹은
한동안 집에 머물며 아무도 만나지
않았습니다.
박사님,
당분간은 안정을
취하셔야 합니다.

연구하랴, 책 내랴,
강연 다니랴……. 그동안 좀
무리를 하셨어야 말이죠. 이참에
푹 쉬세요. 아셨죠?

아빠!

그렇게 보셔도 소용없어요!
그냥 좀 편히 쉬시라고요.
부탁이에요.

그의 열정은 식을 줄을 몰랐습니다.
호킹은 병마와 싸우면서도
연구 활동을 계속해 나갔고
책을 만드는 일도 게을리하지
않았습니다.

휴, 누가 아빠를
말리겠어요?
자, 그럼 무엇을 하면
되죠? 저와 함께해요.
이제 제가 아빠의 손과
발이 되어 드릴게요.
호킹은 딸 루시와
어린이를 위한 과학 동화를
쓰기 시작했습니다.
쉽고 재미있는 과학책을
쓰겠다던 그의 꿈이
이루어지는 순간이었습니다.
아이들을 위한
책을 만들고 싶구나.
광활하고 아름다운
우주를 담아…….

나중에 스티븐 호킹은 손가락을 이용해서 의사를 전달하는 일도 점점 힘들어졌지만, 그는 76세를 일기로 숨을 거둘 때까지 연구하고 자신의 생각을 알리는 일을 멈추지 않았습니다.
스티븐 호킹의 연구는 인류가 우주 생성의 비밀에 가까이 갈 수 있게 했고, 이를 토대로 천체 물리학 연구도 더욱 활발해졌습니다. 장애에 좌절하지 않고, 과학의 발전을 위해 힘썼던 그의 삶은 시대를 넘어 많은 사람에게 감동과 깨달음을 줄 것입니다.

# I. 조목조목 인물 탐험

스티븐 호킹에 관한 다음 글을 읽고 물음에 답하세요.

스티븐 호킹은 1942년 영국에서 태어났습니다. 스티븐 호킹은 또래보다 체격이 작고 말투도 어눌했지만, 항상 밝고 쾌활했으며 총명한 아이였습니다. 열대병 연구학자인 아버지와 어려운 이웃을 돕고 좋은 세상을 만드는 일에 적극적이었던 어머니는 아이들이 스스로 생각하고 깨달을 수 있도록 교육했고, 이런 부모님 아래 호킹은 상상력이 풍부한 소년으로 자라납니다.

스티븐 호킹은 스물한 살이라는 나이에 전신의 근육이 서서히 마비되는 루게릭병 진단을 받습니다. 2년 이상 살기 힘들다는 판정까지 받지만, 이에 굴하지 않고 끊임없이 연구에 몰두하며 우주 생성의 비밀에 관한 엄청난 학문적 업적을 남겼어요.

스티븐 호킹이 처음 연구한 것은 블랙홀이었습니다. 당시 블랙홀은 아인슈타인의 일반 상대성 이론에 따라, 강한 중력을 지닌 블랙홀이 주변의 모든 물질을 빨아들인다고 알려져 있었어요. 호킹은 동료 물리학자와 함께 우주가 '특이점'에서 시작된다는 '특이점 정리'와 '호킹 복사(블랙홀 증발 이론)'를 연달아 발표했습니다. 그리고 이러한 연구 성과를 인정받아 영국 왕립 학회의 최연소 회원이 되었고, 케임브리지 대학교 루카스 석좌 교수에 임명되기도 했습니다.

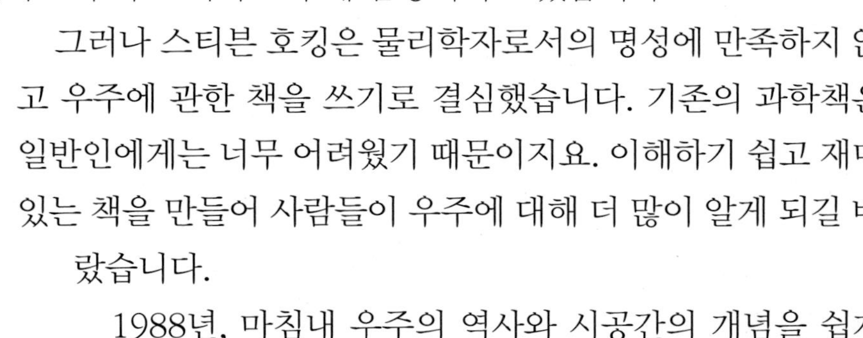

그러나 스티븐 호킹은 물리학자로서의 명성에 만족하지 않고 우주에 관한 책을 쓰기로 결심했습니다. 기존의 과학책은 일반인에게는 너무 어려웠기 때문이지요. 이해하기 쉽고 재미있는 책을 만들어 사람들이 우주에 대해 더 많이 알게 되길 바랐습니다.

1988년, 마침내 우주의 역사와 시공간의 개념을 쉽게 풀어 쓴 《시간의 역사》가 출간되었습니다. 루게릭병이 심해져 손가락을 이용해서 의사를 전달하기조차 힘들어졌지만, 그는 76세를 일기로 숨을 거둘 때까지 연구와 자신의 생각을 알리는 일을 멈추지 않았어요. 장애에 좌절하지 않고, 과학의 발전을 위해 힘썼던 그의 삶은 시대를 넘어 많은 사람에게 감동과 깨달음을 주고 있습니다.

1 **괄호 안에 들어갈 알맞은 말을 고르세요.**

스티븐 호킹은 '특이점 정리'와 '호킹 복사(블랙홀 증발 이론)'를 발표하여 우주 생성의 비밀을 깨닫게 해 준 훌륭한 (　　　　　)입니다.

① 의사
② 음악가
③ 조종사
④ 물리학자
⑤ 탐험가

2 **스티븐 호킹이 꿈을 이루는 데 가장 큰 힘이 되었던 것으로 알맞은 것은 무엇인가요?**

① 건강한 신체
② 조부모님의 헌신과 사랑
③ 루게릭병의 치료법 개발
④ 음악에 대한 열정
⑤ 총명한 두뇌와 끊임없는 연구

3 **스티븐 호킹에 관하여 바르게 말한 친구의 이름을 쓰세요.**

석희 스티븐 호킹은 신체적인 장애에도 불구하고 우주 원리를 연구하고 끊임없이 공부하여 인류에게 도움을 준 이론을 발표했어.

순아 스티븐 호킹은 직접 우주를 탐험하기 위해 우주여행을 시도했고, 이것이 많은 사람에게 꿈과 용기를 주었어.

____________________

▶ 정답: 233쪽

# Ⅱ. '나'와 스티븐 호킹

STEP 1

## 인지 이해하기

인지는 어떤 대상에 주의를 기울여 정보를 받아들여서, 저장하고 배우고 사용하는 머릿속의 과정입니다. 스티븐 호킹은 어린 시절부터 사물을 주의 깊게 관찰하여 정보를 얻고, 이를 토대로 공부하고 연구했어요. 이런 과정을 거쳐 훗날 인류에게 도움을 줄 우주 생성의 비밀을 밝혀냈지요. 새로운 원리를 밝혀내고 깨달았을 때의 스티븐 호킹의 표정은 어떠했을지 그려 보세요.

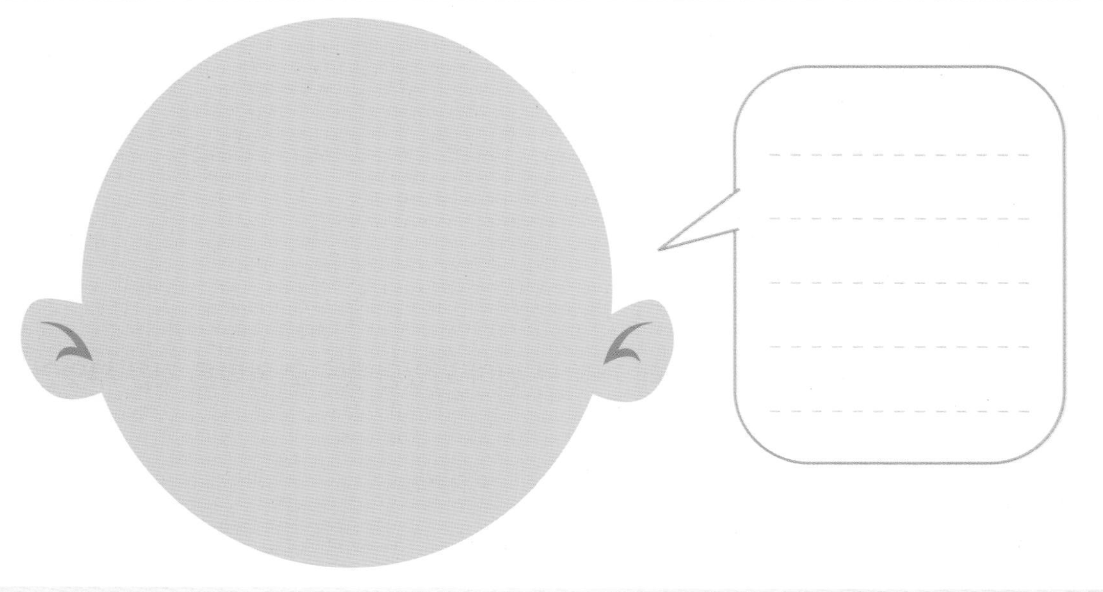

★ 표정을 그리기가 어렵다면 말로 설명해 보세요.

STEP 2

## 스티븐 호킹과 인지

괄호 안에 들어갈 알맞은 낱말을 써 보세요.

스티븐 호킹은 지독한 책벌레였는데, 이렇게 독서에 집착했던 이유는 책 속에 또 다른 세계가 있다고 생각했기 때문이야. 그가 연구하던 우주는 눈으로 직접 확인하기 어려운 미지의 세계였지만, 스티븐 호킹은 책을 통해 우주를 간접적으로 체험하면서 새로운 지식을 얻을 수 있었어.

➡ 스티븐 호킹은 몸이 불편했지만 남보다 뛰어난 ( ㅇ ㅈ ) 능력이 있었어요. 그리고 방대한 독서를 통해 쌓은 지식은 새로운 세계를 체험할 수 있게 해 주었어요.

STEP 3

## 인지 능력 높이기

- 여러 활동을 통해 인지 능력을 높일 수 있습니다. 독서, 장기, 창작, 바둑, 공부, 토론, 실험, 관찰은 인지 능력을 높이는 대표적인 활동이에요.

스티븐 호킹은 독서를 통해 호기심을 충족시키고 지식을 쌓았어.

또한, 꾸준히 공부하고 연구했기 때문에 당대 최고의 과학자였던 아인슈타인의 이론을 그대로 믿는 것이 아니라 자신이 관찰하고 인지한 것을 바탕으로 새로운 이론을 발표했지.

- 인지 능력을 높이기 위해 여러분이 할 수 있는 활동을 얘기해 보세요.

스티븐 호킹을 떠올려 봐. 그는 어렸을 때부터 호기심이 많았고, 수많은 궁금증을 해결하기 위해 엄청나게 많은 책을 읽었어. 스티븐 호킹의 호기심과 끊임없는 연구가 있었기에 인류는 우주 생성의 비밀에 가까이 갈 수 있게 되었지. 너도 궁금한 것이 있다면 네 인지 능력을 최대한 활용해서 해결 방법을 꼭 찾도록 노력해 봐.

자연을 사랑한 곤충의 시인

# 장 앙리 파브르

장 앙리 파브르는 프랑스 출신의 곤충학자입니다. 그가 쓴 《파브르 곤충기》는 곤충에 대한 기록은 물론 자신의 삶에 대한 이야기도 담겨 있어 지금도 널리 읽힙니다. 다음 이야기에는 어릴 때부터 자연과 문학을 사랑했던 파브르의 모습이 잘 드러납니다.

파브르는 주변 숲을 탐험하느라 시간이 어떻게 가는지도 몰랐어요.

와, 수정이다!

조개 같기도 하고, 염소 뿔 모양 같기도 해. 이런 게 어떻게 돌 속에 들어 있는 걸까? 집에 가져가야지.

자, 이제 집에 갈 시간이야.

오늘은 이만 놀고 내일 또 오자!

꽥 꽥 꽥 꽥 꽥

다녀왔습니다!

앙리, 뭘 하느라
이제 오는 거냐?

네, 오리들 먹이고
숲 구경도 좀 하느라고요.
할 일이 태산인데 여유롭게
숲 구경이나 했다고?

너란 아이는 어쩔 수 없구나.
집안일을 도울 생각은 않고, 쯧.
죄송해요,
아빠.

주머니에 들은 게
다 뭐냐, 앙리!

오리는 돌보지 않고 쓸데없는
돌이나 줍고 다닌 거냐?
…….

앙리, 주머니가 찢어지잖아!
풀은 토끼라도 먹일 수 있지만 저런 돌멩이는 아무런 쓸모가 없잖니, 옷도 없는데 주머니가 찢어지면 어떡하려고 그러니?
전 그냥, 돌이 신기해서…….
세상에! 그 벌레들은 또 뭐니?
다 쓸데없는 짓이야. 어서 갖다 버려라!

파브르는 대부분의 시간을 책을 보며 지냈어요. 파브르는 책 속에서 꿀벌, 매미, 비둘기, 까마귀, 염소 같은 친구들을 만날 수 있어 행복했습니다.

파브르는 문학을 사랑했어요. 어느 날 파브르는
서점에서 마음에 드는 시집을 발견하고 고민했어요.
BOOK
아, 저건!

파브르가 가진 돈으로는 한 끼 식사만 겨우 할 수 있어서
시집을 사면 대신 저녁을 굶어야 했기 때문이에요.
기다렸던 시집이네. 저걸
사면 돈이 남질 않을 텐데,
어쩌지?

그래, 오늘 저녁을
굶는 대신 시집을
사자!

어차피 배부르게 먹지도 못하는
걸 뭐. 시집을 사는 게 더 나아!
시집이 다 팔리고 나면 살 수
없을지도 몰라.
척 척 척

집안 형편 때문에 학교를 마치지 못했던 파브르에게 책을 읽는 건 커다란 즐거움이었어요. 이러한 노력으로 파브르는 훗날 《곤충기》를 쓸 수 있었어요.

## I. 조목조목 인물 탐험

장 앙리 파브르에 관한 다음 글을 읽고 물음에 답하세요.

곤충학자인 장 앙리 파브르는 1823년 겨울, 프랑스 남부 생레옹의 작은 마을에서 태어났습니다. 어린 시절 파브르에게 가장 큰 즐거움은 할아버지와 숲속에서 곤충들을 관찰하는 일이었어요. 숲의 생물들은 파브르의 호기심을 부풀게 했고, 자연 속에서 맛보는 기쁨을 알게 해주었지요. 파브르의 숲에 대한 관심과 곤충을 향한 사랑은 이 시기에 싹트기 시작했답니다.

파브르는 코르시카섬에서 중학교 물리 교사로 일했습니다. 그는 정성을 다해 학생들을 가르치고, 틈틈이 곤충을 연구하면서 보람을 느꼈습니다. 가끔 교실 밖으로 나가 동물이나 곤충을 관찰하는 수업을 할 때면 학생들은 물론 파브르 자신도 많은 것을 배울 수 있었어요.

파브르는 이 시절 생물학자 모켕 탕동 교수를 만나게 됩니다. 파브르는 탕동 교수와 함께하며 무엇을 연구하든 새로운 것을 발견하는 즐거움이 바탕이 되어야 한다는 것을 깨달았습니다.

평생 생명을 위한 연구에 헌신했던 파브르는 모두 10권의 《곤충기》를 남겼습니다. 파브르는 이 《곤충기》 덕분에 '곤충의 시인'이라는 별명을 얻었어요. 곤충의 생태를 주의 깊게 오랫동안 관찰하여 있는 그대로 묘사하면서도 마치 한 편의 문학 작품처럼 아름답게 그려 냈기 때문입니다.

**1** **괄호 안에 들어갈 알맞은 말을 고르세요.**

장 앙리 파브르는 동물이나 곤충을 관찰하는 것을 좋아했고 모두 10권으로 이뤄진 《곤충기》라는 책을 남긴 훌륭한 (　　　　　)입니다.

① 신문기자
② 곤충학자
③ 검사
④ 무술가
⑤ 무용가

**2** **장 앙리 파브르가 꿈을 이루는 데 가장 큰 힘이 되었던 것으로 알맞은 것은 무엇인가요?**

① 시를 사랑하는 마음
② 물리학자로서의 호기심
③ 사람들에 대한 무관심
④ 꾸준히 곤충을 관찰하고 연구하는 자세
⑤ 꾸준한 독서와 운동

**3** **장 앙리 파브르에 관하여 바르게 말한 친구의 이름을 쓰세요.**

아름　장 앙리 파브르는 훌륭한 물리 교사였고, 우주를 연구하는 일에 특히 관심이 많아서 우주에 관해 여러 가지 발견을 했어.

다움　장 앙리 파브르는 숲의 생물들에게 호기심을 느꼈고, 곤충의 생태를 주의 깊게 관찰하여 있는 그대로 묘사해서 《곤충기》를 완성했어.

________________

▶ 정답: 233쪽

# Ⅱ. '나'와 장 앙리 파브르

STEP 1

## 인지 이해하기

정보를 받아들인 다음 저장하고 사용하는 인지 과정을 통해 한 대상과 다른 대상의 차이를 알고 구분할 수 있습니다. 파브르는 곤충을 사랑했고, 공들여 관찰했습니다. 그래서 각각의 곤충들의 생김새나 행동에 대해 잘 알게 되었고 서로 구분할 수 있었습니다. 파브르가 곤충을 관찰할 때 어떤 표정을 지었을지 그려 보세요. 또는 어떤 말을 했을지 써 보세요.

★ 표정을 그리기가 어렵다면 말로 설명해 보세요.

STEP 2

## 장 앙리 파브르와 인지

괄호 안에 들어갈 알맞은 낱말을 써 보세요.

파브르는 개미의 종류를 구분하고 개미의 생태를 연구하기를 좋아했어. 그래서 서로 비슷해 보이는 개미들도 생김새에 따라서 그 종류가 다양하다는 것을 알게 되었지.

➡ 파브르는 자연을 관찰하는 것을 좋아했습니다. 그중에서도 곤충 관찰하기를 좋아했지요. 그리고 관찰한 것을 비교하고 자세히 연구해서 새로운 것을 ( ㅇ ㅈ )했을 때 큰 행복감을 느꼈습니다.

STEP 3

## 집중력 기르기

- 집중력이 높으면 주변의 방해를 받지 않고 원하는 것에 선택적으로 집중할 수 있어요. 그러면 학습 효과를 높이고 하고 싶은 일도 더 잘할 수 있지요. 또한, 필요 없는 자극을 받아들일지 말지를 결정할 수 있기 때문에 기억력도 좋아집니다.

파브르는 곤충의 작은 행동도 호기심을 가지고 관찰하는 데 집중했어. 행동 하나하나가 무엇을 표현하는지 알아내려고 노력했지.

파브르는 관찰을 통해 상황에 따라서 곤충들의 행동이 달라진다는 것도 알아냈어. 그렇게 곤충에게서 새로운 것을 발견할 때마다 큰 즐거움을 느꼈어.

- 여러분은 집중력을 높이기 위해서 어떤 노력을 했나요?

장 앙리 파브르를 떠올려 봐. 곤충을 사랑하고 곤충 관찰하기를 매우 좋아했던 파브르는 《곤충기》라는 책을 썼어. 벌, 사마귀, 매미, 쇠똥구리, 거미, 전갈 등의 본능과 습성을 꼼꼼하게 관찰하고 확인하고 비교하여 이 책에 기록했어. 너도 파브르처럼 꾸준한 관찰을 통해 한 대상과 다른 대상을 비교하는 습관을 기르면 인지 능력을 향상시킬 수 있을 거야.

조선 최고의 과학자

# 장영실

장영실은 신분에 대한 차별을 딛고 궁중 기술자가 되어 수많은 발명품으로 조선의 과학 기술을 발전시켰습니다. 다음은 장영실이 관아의 노비였을 때의 일입니다.

이유유외 속이원장
(易輶攸畏 屬耳垣墻)이니라.

말을 쉽고
가볍게 하는 것은
군자가 두려워하는
바이니,

말을 할 때는 마치
다른 사람이 담에 귀를 대고
듣고 있다 생각하고
조심해야 한다.

어느덧, 영실은 무럭무럭 자라 아홉 살이 되었습니다.
글공부는 재미있어.

어머니를 깜짝 놀라게
해 줄까? 히히~
살금 살금

어? 옆집 아주머니가
와 계셨네.

내년이면 영실이가
관아의 노비로 떠나야
하겠구먼.
우리 영실이가 벌써…….
까마득히 잊고 있었어요.
노비가 글을 배워 봐야
무슨 소용이야.
떠날 때까지 실컷
놀게 해.

노비라도 글을 배워 두면
장차 큰 도움이 될 거예요.

뭐라고?
관아로 가야 한다니!
그럼 어머니랑은 헤어져야
하는 거야?

동래현 관아.
동래현

동래현의 관노가 된 영실은 잔심부름이나 마당 쓸기 같은 잡일부터 시작했습니다.
이것 좀 창고 안에 넣어 줄래?
후다닥
네!

앞마당 좀 깨끗하게 쓸어라.
네, 나리!

고 녀석, 나이도 제일 어린 게 부지런하구나.

안 그래도 심부름할 아이가 필요해서 말이지.

저같이 미천한 것이 그래도 되겠습니까?
허락해 주신다면, 열심히 하겠습니다.
다른 아이들은 일이 힘들다고 공방 근처에는 얼씬도 안 하는데 이렇게 좋아할 줄이야.

영실은 뛰어난 손재주로 곧 공방의 모든 물건을
수리하고 만들 수 있게 되었습니다.
영실아, 내 창끝이 빠졌는데 좀 고쳐 주겠니?
네!
나는 화살촉 좀 더 만들어 주라.
후유~ 바쁘다, 바빠!
영실이 손을 거치면 못 쓰는 무기도 새것처럼 변한다니까.
손재주가 보통이 아니야.
모두 영실이만 칭찬하잖아.
이럴 줄 알았으면 나도 기술이나 배워 둘걸.

전부 손봐 드릴 테니,
기다리세요.
웅성 웅성

무슨 일이라도
있는 것이냐?
바글 바글

모두 영실이에게 일을 맡기려
저리 줄을 서 있는 것입니다.
저놈의 실력이
대단하긴 한가 보구나.

어린 나이에 저렇게
총명하고 뛰어나다니,
노비만 아니었어도…….

장영실에 관한 다음 글을 읽고 물음에 답하세요.

장영실은 신분 차별이 심하던 조선 시대, 가장 낮은 계급인 천민으로 태어났어요. 기계를 잘 다루고 손재주가 뛰어났던 장영실이 수차(물을 떠 올리는 기계)를 만들어 동래현의 가뭄을 해결하자 태종은 그를 궁궐로 불러들였고, 궁중 기술자의 신분으로 백성을 위해 일할 것을 명했습니다.

장영실은 궁궐에 들어온 후 뛰어난 재주를 이용해 조금도 쉬지 않고 밤낮으로 열심히 일했습니다. 세종의 전폭적인 지원을 받게 되면서 천문 관측기구인 간의대·혼천의·앙부일구를 만들었지요. 이런 기구들 덕에 우리나라의 독자적인 천문 관측이 더 쉬워졌고 정확한 절기와 시간을 알 수 있게 되어 농사를 짓기도 더 편리해졌습니다.

장영실이 이 같은 업적을 세울 수 있었던 데는 백성을 사랑하는 마음과 사소한 것도 그냥 지나치지 않고 주의 깊게 관찰했던 습관이 큰 역할을 했습니다. 한번은 장독에 빗물이 고이는 것을 보고 '그릇에 빗물을 받아서 빗물의 양을 측정하면 되지 않을까?'라고 생각했는데, 이것이 바로 측우기를 발명하게 된 계기랍니다.

장영실은 자신의 기술과 능력만으로 신분의 한계를 극복하고 정삼품 상호군의 벼슬까지 올랐습니다. 그가 남긴 업적은 빛나는 과학 문화유산으로 우리 민족의 자긍심을 높여 주었으며, 지금도 그를 조선 최고의 과학자이자 공학자로 우리 가슴속에 깊이 남아 있게 해 주었습니다.

비의 양을 잴 수 있는 측우기

조선의 대표적인 해시계인 앙부일구

## 1 괄호 안에 들어갈 알맞은 말을 고르세요.

장영실은 비천한 신분이었지만 궁중 기술자가 되어 간의대, 혼천의, 앙부일구, 측우기 등을 만들었던 조선의 위대한 (                )입니다.

① 기자
② 과학자
③ 군인
④ 공무원
⑤ 약사

## 2 장영실이 꿈을 이루는 데 가장 큰 힘이 되었던 것으로 알맞은 것은 무엇인가요?

① 사물에 대한 호기심
② 만들기를 좋아하는 성격
③ 뛰어난 체력
④ 주의 깊은 관찰력
⑤ 신분의 한계

## 3 장영실에 관하여 바르게 말한 친구의 이름을 쓰세요.

**민도** 자신의 기술과 능력만으로 신분의 한계를 극복했고, 여러 가지 발명품을 만들어 백성들의 삶을 나아지게 했어.

**하언** 천문에 관심이 많아서 조선 최초의 로켓인 신기전을 만들었어. 비록 완전히 성공하지는 못했지만 뛰어난 창의성으로 신기전을 완성했지.

___________________

▶ 정답: 233쪽

# Ⅱ. '나'와 장영실

STEP 1

## 인지 이해하기

인지 과정을 통해 우리 주위의 사물이나 현상을 자세히 관찰하고 그 특징을 이해하면 그것을 이용하여 다른 것을 만들어 낼 수도 있습니다. 장영실은 무언가를 자세히 관찰하고 그 원리를 생각하는 것을 좋아했습니다. 이때 장영실이 어떤 표정을 지었을지 그려 보세요. 또는 어떤 말을 했을지 써 보세요.

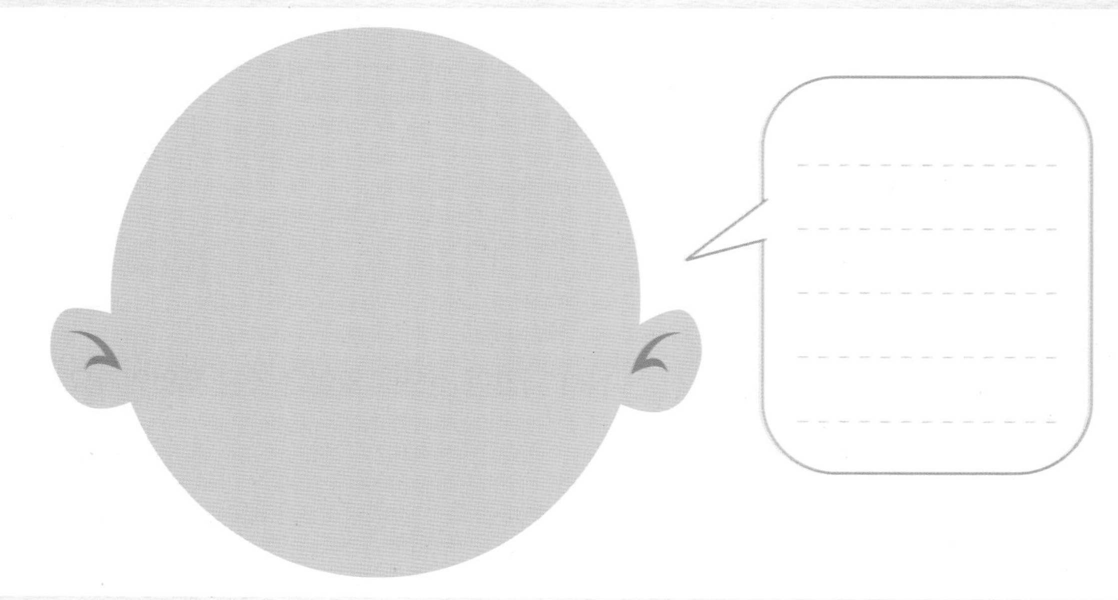

★ 표정을 그리기가 어렵다면 말로 설명해 보세요.

STEP 2

## 장영실과 인지

괄호 안에 들어갈 알맞은 낱말을 써 보세요.

비가 부슬부슬 내리던 어느 날, 장영실은 비의 양을 정확히 알 방법이 없을지 고민하면서 장독대 위로 떨어지는 비를 바라보고 있었어. 그러다 장독에 빗물이 고이는 것을 보고는 그릇에 빗물을 받아서 그 양을 측정하면 되겠다고 생각했고, 결국 측우기를 만들어 냈어.

➡ 장영실은 비천한 노비의 신분이었지만 뛰어난 관찰력과 손재주를 가지고 있었어요. 그는 무언가를 만들 때면 어떤 대상을 유심히 관찰하고 ( ㅇ ㅈ )하여 결국 필요한 물건을 만들어 냈습니다.

STEP 3

## 집중력 기르기

- 집중력이 높으면 다른 사물이나 현상에 대해 인지하기가 쉬워집니다. 집중력을 기르고 싶다면 집중에 방해가 될만한 물건을 치우거나 조용한 환경을 만드는 것도 도움이 됩니다.

장영실은 손재주를 인정받아 궁궐에서 일하게 되었지만 조금도 쉬지 않고 더욱 집중하여 밤낮으로 열심히 일했어.

주변 사람들이 그만 쉬라고 말릴 때면 "제가 이 자리에서 일을 할 수 있다는 것 자체가 기적입니다. 어떻게 쉴 수 있겠습니까?"라며 더욱 발명하는 일에 집중했어.

- 여러분은 어떤 일을 할 때 집중하게 되나요?

### 이것만은 꼭!

장영실을 떠올려 봐. 장영실은 가난하고 비천한 노비 신분이었지만, 손재주를 인정받아 궁궐에서 일하게 되었어. 무려 30여 년간 궁중 기술자로 일하면서 자신의 모든 재능을 쏟아부었어. 장영실은 무슨 일을 하든 자세히 관찰하고 이해하려고 애썼는데, 이러한 노력을 바탕으로 조선만의 천문 측정기구인 혼천의를 비롯하여 독자적인 물시계 자격루와 해시계 앙부일구를 만들었어. 또, 갑인자 같은 혁신적인 금속 활자도 만들었지. 집중력이 떨어져서 고민하고 있니? 그렇다면 지금 당장 주변을 정리하고 마음을 한곳에 모으려고 노력해 봐. 그러면 변화가 시작될 거야.

# 몰 입

11강. 이순신

12강. 윈스턴 처칠

13강. 빈센트 반 고흐

14강. 알프레드 노벨

15강. 마리 퀴리

16강. 정약용

나라를 지킨 성웅

# 이순신

이순신 장군은 죽는 순간까지도 오직 나라와 백성을 생각했던 우리 민족의 영원한 영웅입니다. 다음은 어린 시절부터 무술 훈련과 전쟁놀이에 관심이 많았던 이순신이 문인 집안 출신임에도 불구하고 결국 무관이 되기까지의 이야기입니다.

어린 시절 이순신은 친구들과 전쟁놀이를 즐겼어요.

좋아!
그렇다면 우리는
여기서 숨어
있다가…….

어허, 길을 막고
뭘 하고 있는 게냐!

원님 행차시다!
썩 물러서거라!

저희는 이것이 진짜 전쟁이라 생각하며 임하고 있습니다.

아, 이놈이 그래도…….

그러니 나리께서도 저희의 뜻을 존중해 주시기 바랍니다.

아니다. 우리가 돌아가는 것이 옳을 것 같구나.

네?

이 아이의 말이
옳지 않느냐?
진지는 함부로
무너뜨리는 것이
아니다.
아, 알겠습니다.
얘야,
네 이름이 무엇이냐?

이순신이라고
하옵니다.
이순신이라…….
그래, 네 말이 옳다.
조선처럼 외적의 침입이 빈번한
나라엔 철통같은 방어를 할
무인이 많아야 한다.

너와 같은
정신을 가진 무인들이 많아진다면
우리 조선의 미래는 든든할 게야.
지금과 같은 마음으로 바르게 자라
나라를 지키는 훌륭한 무인이
되어 다오.

이순신은 나이가 들면서
더 이상 전쟁놀이를 하진 않았지만,
활쏘기와 말타기 등 무예 단련은
멈추지 않았습니다.
또한, 다양한 병법서를 찾아
읽으며 전략과 전술에 관한 연구도
소홀히 하지 않았습니다.

이순신은 문인 집안 출신임에도 불구하고
무관이 되기로 결심했습니다.
문관은 존경받지만
무관은 그 정도로 인정받지 못한다.
공부도 잘하는 네가
꼭 무관을 해야겠니?

집안을 생각하면
아쉬운 마음이 크나,
네 결정을 존중하겠다.
감사합니다.
아버지, 어머니께서
자랑스러워하실 만한
무관이 되겠습니다.

평생 문과 시험에 대비한 공부만
해 왔던 이순신은 무과 시험을
위해 몇 년을 다시 준비했습니다.

무관이 될 자격을 충분히 갖춘 후
시험에 응시하기 위해서였습니다.

무관이 되기로 결심한 이상
보다 철저한 준비가 필요하다!
남들보다 늦게 결정한 만큼,
남들보다 몇 배는 더 열심히
해야 한다!

하지만 시험 도중 말에서 떨어져 첫 번째 무과 시험에서 합격하지 못하고, 4년을 준비해 다시 무과에 응시합니다.

오랫동안 준비를 한 끝에 이순신은 다시 과거를 치렀습니다.

李舜臣

아,
드디어……!

1576년(선조 9년), 결국 이순신은 서른두 살의 나이로 무과 시험에 합격했습니다.

이순신에 관한 다음 글을 읽고 물음에 답하세요.

용맹함과 뛰어난 전략으로 왜군의 침략으로부터 우리 민족을 지켜 낸 이순신 장군은 대대로 학자와 정치가 같은 문인을 배출한 집안에서 태어났습니다. 하지만 어려서부터 전쟁놀이를 좋아했고 활쏘기와 말타기 등 무예에 뛰어났던 이순신은 부모님의 바람과 달리 무관이 되기로 마음먹습니다. 그리고 열심히 무과 시험을 준비하지요.

최선을 다해 대비했음에도 불구하고, 이순신은 말에서 떨어지는 바람에 첫 무과 시험에 낙방하고 맙니다. 하지만 더욱 열심히 준비하여 4년 뒤 서른두 살의 나이에 다시 도전했고 당당히 합격하여 관직 생활을 시작했습니다.

1591년에 이순신은 전라도의 수군을 총괄하는 장군이 되었습니다. 그때부터 호시탐탐 조선을 노리는 왜군의 침략에 대비해 병력을 충원하고 군사 훈련을 실시했어요. 또, 전쟁에 타고 나갈 배를 건조했고, 화포와 대포 등을 만들어 전쟁에 대비했지요. 바로 1년 뒤에 왜군이 침략했는데, 이것이 바로 임진왜란입니다.

이미 준비를 해 왔던 이순신은 수군으로서 처음으로 출전해 옥포, 합포, 적진포에서 승리를 거두었습니다. 이어진 크고 작은 전쟁에서도 승리를 거두었는데, 특히 1597년에 벌어진 왜군과의 해전에서는 12척의 배와 턱없이 부족한 병력에도 불구하고 결국 승리를 이끌어 냈습니다.

전투는 조선의 승리로 끝났지만, 이순신은 왜군의 총탄에 맞아 죽음을 맞이하고 말았습니다. 하지만 이순신은 죽는 순간까지도 군사들의 사기가 떨어질까 염려하여 "전쟁이 끝날 때까지 나의 죽음을 알리지 말라"라는 유언을 남겼습니다.

이순신은 어떤 어려움에도 굴복하지 않았을 뿐만 아니라, 나라를 지키는 일에 몰입하며 모든 노력과 시간을 쏟았습니다. 심지어 죽음 앞에서도 오직 나라와 백성을 생각했던 훌륭한 이순신 장군을 우리는 영원히 기억해야 할 것입니다.

## 1 괄호 안에 들어갈 알맞은 말을 고르세요.

이순신은 왜군의 침입에 맞서 당당히 우리 민족을 지켜낸 훌륭한 (　　　　　)입니다.

① 장군
② 시인
③ 임금
④ 교사
⑤ 과학자

## 2 이순신이 꿈을 이루는 데 가장 큰 힘이 되었던 것으로 알맞은 것은 무엇인가요?

① 글쓰기 실력
② 예의 바른 태도
③ 하고자 하는 것에 대한 몰입
④ 잘못한 것을 부끄러워하고 포기하는 마음
⑤ 경제적으로 풍요로운 가정 형편

## 3 이순신에 관하여 바르게 말한 친구의 이름을 쓰세요.

**운주** 이순신은 전쟁에 쓸 배와 병력이 엄청나게 많이 갖춰진 상황에서 이것들을 잘 다루어서 전쟁을 승리로 이끌었어.

**승철** 이순신은 죽는 순간까지도 나라를 지키기 위해 자신의 죽음을 알리지 말라고 했어.

______________________

▶ 정답: 234쪽

# Ⅱ. '나'와 이순신

STEP 1

## 몰입 이해하기

몰입은 어떤 일을 할 때 긴 시간이 한순간처럼 짧게 느껴질 정도로 그것에 완전히 빠져드는 상태를 가리킵니다. 이순신 장군은 왜군의 침략에 대비하는 데 몰입하여 전쟁의 위기를 극복하고 나라를 구했지요. 여러분도 이순신 장군처럼 어떤 일에 완전히 빠져든 적이 있나요? 좋아하는 것에 몰입했을 때 자신의 표정을 그려 보세요.

★ 표정을 그리기가 어렵다면 말로 설명해 보세요.

STEP 2

## 이순신과 몰입

괄호 안에 들어갈 알맞은 낱말을 써 보세요.

이순신은 어릴 때부터 활과 화살을 즐겨 차고 다니며 전략과 전술을 짜는 것에 몰입했어.

➡ 이순신처럼 ( ㅁ ㅇ )을 하면 불필요한 생각이나 주위의 방해를 물리치고 원하는 한 가지에 집중할 수 있어요. 그러면 이루고자 하는 목표를 달성하게 될 가능성이 커집니다.

## STEP 3 몰입할 때 주의할 것

- 이순신 장군은 무관이 되어 나라를 지키겠다는 목표를 이루었지만, 그 과정에서 몰입을 방해하는 수많은 것들 때문에 어려움을 겪어야 했어요. 이처럼 몰입을 할 때는 여러 가지 방해 요소를 극복하는 것이 중요해요.

이순신은 어린 시절 집안 사정이 어려웠어. 할아버지가 당파 싸움에 휘말려 파직된 이후 아버지도 관직에 나가지 않았기 때문이지.

무관이 되어 왜군과 전쟁을 치를 때는 군사, 배, 무기 모두 턱없이 부족해서 매우 힘들었지.

- 여러분이 어떤 일을 할 때 몰입을 방해하는 것들에는 무엇이 있는지 생각해 보세요.

이순신 장군을 떠올려 봐. 몰입을 방해하는 것은 아주 많고 종류도 다양해. 하지만 명확한 목표를 갖고 끊임없이 노력하고 집중한다면 몰입을 방해하는 요소들을 반드시 극복할 수 있을 거야.

2차 대전을 승리로 이끈 지도자

# 윈스턴 처칠

영국의 군인이자 정치가인 윈스턴 처칠은 끈질긴 집념으로 유럽 대륙을 나치로부터 지켜내고 결국 수상 자리에까지 올랐습니다. 처칠은 어린 시절 말을 심하게 더듬었지만 인내와 끈기를 갖고 노력한 끝에 말 더듬는 버릇을 고칠 수 있었어요.

다음은 누가 읽을 차례지?

……

어린 시절 처칠은 말을 더듬었고 발음도 분명하지 않았습니다.

윈스턴 처칠!

특히 책을 읽을 때면 처칠은 더 심하게 말을 더듬었습니다.
지, 진홍빛 때, 때, 태양이…….
풋!

킥
킥
킥

푸하하하!
때양이래, 때양!

!

윈스턴은 말더듬이래요!
책도 못 읽는 바보!

쳇!
말을 더듬었다고 내가 바보야?
두고 봐!
두 번 다시 말더듬이라는 소리 못 하게 해 줄 테다!
처칠은 발음을 정확하게 내기 위해 거울을 보며 책을 또박또박 큰 소리로 읽었습니다.
이슬 젖은 아, 아침에 자, 작폘, 아니 작별하였는데.
장, 장밋빛, 빰, 빰의 아도니스는 사, 사냥에 나간다.
어, 벌써 시간이 이렇게 됐나?

포기할 줄 모르는 처칠의 인내와 끈기는
결국 빛을 발했습니다.
다음은 윈스턴 처칠 군이
고대 로마의 노래를
암송하겠습니다.

더듬더듬
이상한 발음으로 말하면
진짜 웃기겠지.
킥킥.
볼만할 거야.

조국을 위해 죽는 것은
달콤하고 영광스럽다.
H

죽음은
달아나는
사람조차
쫓아가고,

아니?

연습 좀 했나 보군.
하지만 첫 부분이라
그런 걸 거야.
맞아.
이제 재미있어질 거야.
신나게 비웃어 주자고!

얼빠진 젊은이의 무릎과
겁에 질린 등에 인정을
베풀지 않는다.

뭐야?
왜 안 더듬지?

믿을 수가
없어!
완벽한
발음이야.

……녹슬지 않는 명예로 빛난다.
와아, 최고다!
진짜 다 외웠어!
대단해!

# I. 조목조목 인물 탐험

윈스턴 처칠에 관한 다음 글을 읽고 물음에 답하세요.

윈스턴 처칠은 1874년 영국에서 태어났습니다. 좋은 가문에 부유한 환경이었지만 바쁜 부모님 탓에 외롭게 자랐습니다. 어린 시절, 처칠은 장난꾸러기였고, 말을 더듬는 버릇에 성적까지 좋지 않아 부모님의 근심거리였습니다. 나중에는 공부도 열심히 하고 군인이 되겠다는 목표도 세우지만, 육군사관학교 시험에도 두 번이나 떨어지지요. 하지만 끈질긴 집념과 무언가에 몰입하면 밤낮을 가리지 않는 열정으로 마침내 꿈을 이루었습니다.

처칠은 육군사관학교를 졸업한 뒤 종군 기자가 되었습니다. 기자로서 전쟁의 끔찍함을 몸소 겪은 처칠은 사람들을 돕기 위해 신념 있는 정치가가 되겠다고 결심하고 선거에 출마합니다. 하지만 생각과 달리 선거에서 떨어지고 말아요.

이후 처칠은 밤낮으로 연설 연습을 했습니다. 친구나 가족들 앞에서 연습하거나 산책 중에도 혼자 연습하며 연설문을 암기했습니다. 처칠은 결국 선거에 승리하여 스물다섯 살의 젊은 나이에 정치가가 되었어요. 그리고 뛰어난 연설 능력을 통해 많은 사람에게 자신의 생각을 전달했습니다.

처칠은 2차 세계 대전 중에 영국의 수상 자리에 오르게 됩니다. 독일의 공격으로 언제 전쟁이 일어날지 모르고, 전쟁이 일어나면 죽을 수도 있다는 생각에 두려움에 떨었던 영국 시민들에게 처칠의 연설은 큰 힘이 되었습니다. 처칠은 영국이 외세의 위협에 당당하게 맞서 이겨 냈던 역사를 언급하며 국민들의 용기를 북돋았지요.

결국, 영국인들은 독일에 끝까지 저항하며 제2차 세계 대전을 승리로 이끌 수 있었습니다. 그 후 처칠은 집필 활동에 몰두했고, 1953년 자신의 저서 《제2차 세계 대전》으로 노벨문학상을 수상했습니다.

**1** **괄호 안에 들어갈 알맞은 말을 고르세요.**

윈스턴 처칠은 끊임없는 노력과 연습을 통해 연설 능력을 키워 국민들에게 용기를 불어넣어 준 최고의 연설을 했던 (                )입니다.

① 시인
② 귀족
③ 정치가
④ 교수
⑤ 연구원

**2** **윈스턴 처칠이 꿈을 이루는 데 가장 큰 힘이 되었던 것으로 알맞은 것은 무엇인가요?**

① 부모님의 보살핌
② 예의 바른 태도
③ 새로운 것에 대한 호기심
④ 끊임없는 연습과 몰입
⑤ 고통을 인내하고 극복하는 담대함

**3** **윈스턴 처칠에 관하여 바르게 말한 친구의 이름을 쓰세요.**

**효린** 윈스턴 처칠은 선거에서 패하자 밤낮으로 연설 연습에 몰입했어. 어릴 때는 말을 심하게 더듬기까지 했었지만, 결국 이러한 노력이 그를 최고의 연설가로 만들었지.

**수용** 윈스턴 처칠은 강제로 종군 기자가 되었지만, 전쟁 현장에 매우 잘 적응하여 독일군의 승리에 기여했어.

____________________

▶ 정답: 234쪽

STEP 1

## 몰입 이해하기

긴 시간이 한순간처럼 짧게 느껴질 정도로 무언가에 완전히 빠져드는 경험을 몰입이라고 해요. 윈스턴 처칠은 관심이 있는 것과 바라는 것을 위해 끊임없이 몰입하고 노력했습니다. 다음 중 시간이 순식간에 지나가 버린 것처럼 느낄 정도로 여러분이 몰입했던 일을 모두 골라 동그라미 하세요.

독서 / 과학 실험 / 동물 관찰 / 선생님과의 대화 / 학급 회의 / 줄넘기

일기 쓰기 / 그림 그리기 / 만들기 / 청소 / 춤추기 / 달리기

정보 검색 / 편지 쓰기 / 종이 오리기 / 숙제하기 / 계획표 짜기

요리하기 / 보드게임 하기 / 역할극 하기 / 학교 수업 듣기

바둑 두기 / 클레이 놀이 하기 / 만화 그리기 / 인터넷 강의 듣기

STEP 2

## 윈스턴 처칠과 몰입

괄호 안에 들어갈 알맞은 낱말을 써 보세요.

윈스턴 처칠은 분명하고 정확하게 말하기 위해 틈나는 대로 발음 연습을 하는 데 몰입했어.

➡ 윈스턴 처칠처럼 자기에게 부족하다고 생각하는 부분을 개선하기 위해서 수많은 시간을 ( ㅁ ㅇ )하면 자신의 목표에 한 걸음 더 다가설 수 있습니다. 또한, 더 나아진 내 모습을 발견할 수 있을 것입니다.

## 좋은 몰입과 나쁜 몰입

- 학습, 운동 등 자신의 미래와 꿈에 도움이 되는 일에 빠지는 것은 좋은 몰입이에요. 반대로, 자신의 미래에 나쁜 영향을 주거나 시간을 낭비하게 만드는 일에 빠지는 것은 나쁜 몰입이에요.

윈스턴 처칠은 어린 시절 말을 더듬고 발음이 분명하지 않아서 친구들에게 놀림을 받았어. 그래서 거울을 보며 책을 또박또박 큰 소리로 읽는 연습을 열심히 했어.

어른이 되어서도 틈나는 대로 연설 연습을 했지.

- 내가 했던 좋은 몰입과 나쁜 몰입을 한 가지씩 떠올려 보세요.

| 좋은 몰입 | 나쁜 몰입 |
| --- | --- |
| | |

윈스턴 처칠을 떠올려 봐. 윈스턴 처칠은 어린 시절 부모님의 관심과 보살핌도 부족했고, 말을 더듬어서 친구들에게 놀림을 받기도 했어. 어른이 되어서도 수많은 실패를 경험했지. 하지만 정확하게 말하기 위해 끊임없이 발음 연습에 몰입한 끝에 말을 더듬는 버릇을 고쳤을 뿐만 아니라, 정치가가 되어서 많은 사람에게 감동을 주는 최고의 연설을 했어. 너도 네 관심을 끄는 것이나 네게 부족한 부분이 있다면 그것에 최선을 다해 몰입해 봐!

영혼을 불태운 예술가

# 빈센트 반 고흐

고흐는 고작 10년밖에 붓을 잡지 못했지만, 그림 그리는 일에 몰입하여 수많은 명작을 탄생시켰고, 오늘날 미술사에서 정열의 화가, 영혼을 불태운 예술가로 평가받고 있습니다. 다음은 그림에 대한 고흐의 열정을 보여주는 일화입니다.

빈센트도 밀레처럼
일상의 소중함을 담은 그림을
그리고 싶었습니다. 가난한 농부 가족의
식사 시간을 그린 〈감자 먹는 사람들〉은
그런 빈센트의 소망을 향해 한 걸음 나아간
소중한 그림이었습니다.

빈센트는 화랑에서 일하는 동생 테오에게 〈감자 먹는 사람들〉을 보냈습니다. 빈센트는 공들여 그린 이번 작품은 틀림없이 비싼 가격에 팔릴 것이라 기대하고 있었습니다.

그림으로 표현하고자 하는 것이 뚜렷했던 빈센트는 다른 사람들의 이야기에 신경 쓰지 않겠다고 마음먹었습니다. 그렇지만 그림에 쏟아지는 나쁜 평가는 상처가 되었습니다.

빈센트는 그림 공부를 좀 더 하기 위해 벨기에의 안트베르펜으로 갔습니다. 그리고 그곳에서 예술 학원에 등록하여 그림 공부를 시작했습니다.

하지만 그곳에서의 미술 역시 빈센트에게 맞지 않았습니다.
빈센트는 안트베르펜을 떠나 테오가 일하는 파리로 갔습니다.
형, 파리에 계속 있을 거지? 우리 집으로 가자. 나와 함께 살아.
그래도 될까?

당연하지.

고맙다, 테오. 너밖에 없어. 이 신세는 꼭 갚으마.

넓진 않지만 우리 둘이 지내기엔 충분해. 형은 이쪽 방을 써.

이 무렵부터 빈센트는 인상주의 화풍에 관심을 갖게 됩니다.

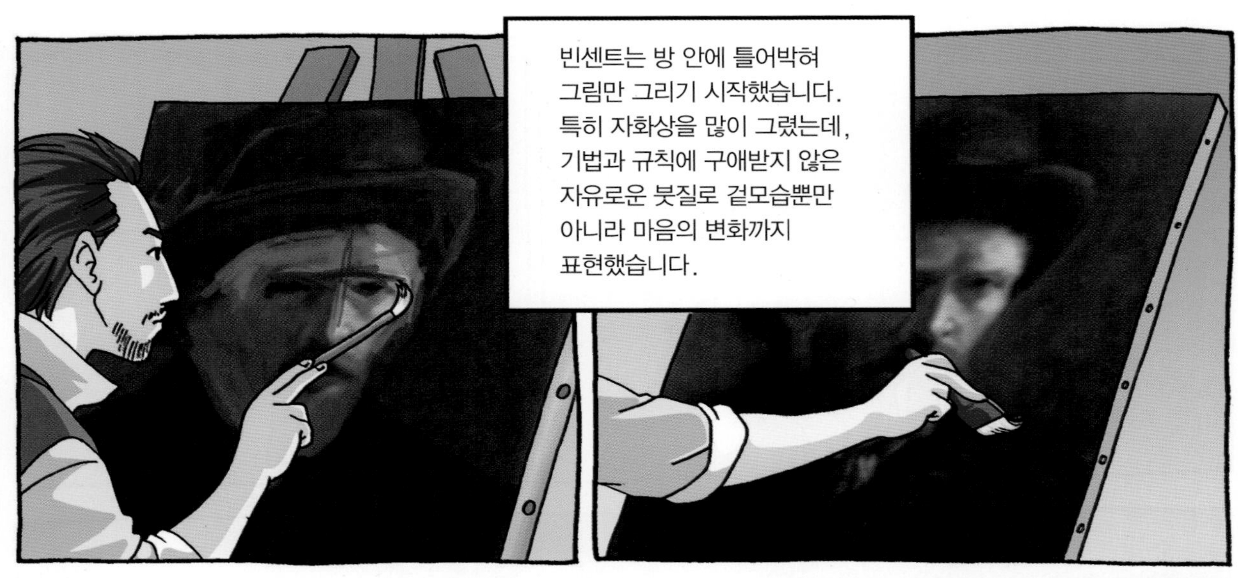

빈센트는 파리에서 2년을 살았습니다.
그리고 그 2년 동안 200여 점의 그림을 그렸습니다. 쉬지 않고 그림만 그렸다고 해도 과언이 아닙니다.

형, 그림은 잘 그려져?

봐, 일주일 동안 이만큼이나 그렸어.

하하, 형.
하여간 대단해.
그런데 어째 그림이 좀
달라진 것 같아.

달라지다니?

글쎄……. 색감이
밝아졌다고 할까?

아, 인상주의 화가들을
만나면서 나도 자연과 빛을
그리고 싶어졌거든.
그래서 시도해 본 건데.
괜찮니?
응, 좋아!
아름다워.

**빈센트 반 고흐에 관한 다음 글을 읽고 물음에 답하세요.**

빈센트 반 고흐는 1853년 네덜란드에서 가난한 목사의 아들로 태어났습니다. 조금 늦은 나이인 스물일곱 살에 화가로서의 삶을 시작한 고흐는 고작 10년밖에 붓을 잡지 못했지만, 수많은 명작을 탄생시켰지요.

고흐는 많은 시련을 겪었습니다. 현재는 미술사에서 중요한 부분을 차지하는 화가 중 한 명이지만, 고흐는 살아 있을 때 제대로 인정받지 못했거든요. 평생 단 한 점의 그림밖에 팔지 못했을 정도로 항상 부족한 생활을 해야 했지만 자기 그림에 대한 열정만은 잃지 않았습니다.

고흐는 열여섯 살에 그림을 파는 화상으로 일하면서 미술과 인연을 맺었습니다. 화랑에서 다양한 그림을 보면서 그림을 보는 자신만의 관점을 만들어 갔지요. 그러다 첫사랑의 아픔을 겪고 실의에 빠지게 되는데, 이 일을 계기로 고흐는 목회자의 길을 꿈꾸게 됩니다. 그러면서 그는 자신이 가진 것을 가난한 이에게 베풀며 따뜻한 마음을 실천했지요. 하지만 권위만 내세우는 교회의 횡포로 목회자의 꿈마저 꺾이고 맙니다. 그 후 고흐는 화가의 길을 선택합니다.

고흐는 밀레 같은 유명한 화가의 그림을 관람하고 모방하며 꾸준히 연습했습니다. 하지만 모방하는 데에만 그치지 않았고, 자신만의 시선으로 재해석하여, 독특하고 자유로운 붓질로 새로운 그림을 그려 냈습니다. 고흐는 모방을 창작을 위한 디딤돌로 삼았던 거지요. 고흐에게서 참된 예술가의 정신을 엿볼 수 있는 부분입니다.

고흐는 화가 고갱과는 서로를 존경하는 친구이자 라이벌이었습니다. 한때 고갱과의 분쟁 중 거친 말을 이겨 내지 못해 자신의 귀를 스스로 자르고 정신병원에 입원하기도 했지만, 그는 정신병원에서도 열정을 다해 작품에 몰두하여 수많은 그림을 쏟아 냈지요.

겉으로 드러난 그의 삶은 고난의 연속이었지만, 오늘날 고흐는 가장 유명하고 영향력 있는 화가가 되었답니다.

## 1 괄호 안에 들어갈 알맞은 말을 고르세요.

빈센트 반 고흐는 사람들의 외면과 경제적인 어려움을 겪으면서도 꿋꿋이 작품 활동에 몰입하여 명작을 탄생시킨 훌륭한 (          ) 입니다.

① 목사
② 화랑 주인
③ 공예가
④ 발명가
⑤ 화가

## 2 빈센트 반 고흐가 꿈을 이루는 데 가장 큰 힘이 되었던 것으로 알맞은 것은 무엇인가요?

① 첫사랑과의 따뜻한 추억
② 동시에 여러 직업을 갖는 것
③ 조부모님의 헌신적인 사랑
④ 끊임없이 학업에 열중한 것
⑤ 그림 그리기에 집중하고 몰두한 것

## 3 빈센트 반 고흐에 관하여 바르게 말한 친구의 이름을 쓰세요.

**서경** 빈센트 반 고흐는 그림 실력이 매우 뛰어나서 많은 사람의 관심을 받았고, 굉장히 많은 그림을 판매하여 부자가 되었어.

**수현** 빈센트 반 고흐는 10년밖에 붓을 잡지 못했지만 매 순간 몰입하여 수많은 명작을 탄생시켰어.

___________________

▶ 정답: 234쪽

# Ⅱ. '나'와 빈센트 반 고흐

STEP 1

## 몰입 이해하기

빈센트 반 고흐가 10년 남짓 작품 활동을 하는 동안 많은 어려움을 겪으면서도 수많은 명작을 그릴 수 있었던 것은 바로 몰입했기 때문이에요. 몰입하려면 주위의 모든 잡념이나 방해물들을 차단하고 원하는 어느 한 가지에 자신의 모든 정신을 집중해야만 해요. 작품 활동에 전념하고 있을 때의 빈센트 반 고흐의 표정은 어떠했을지 그려 보세요.

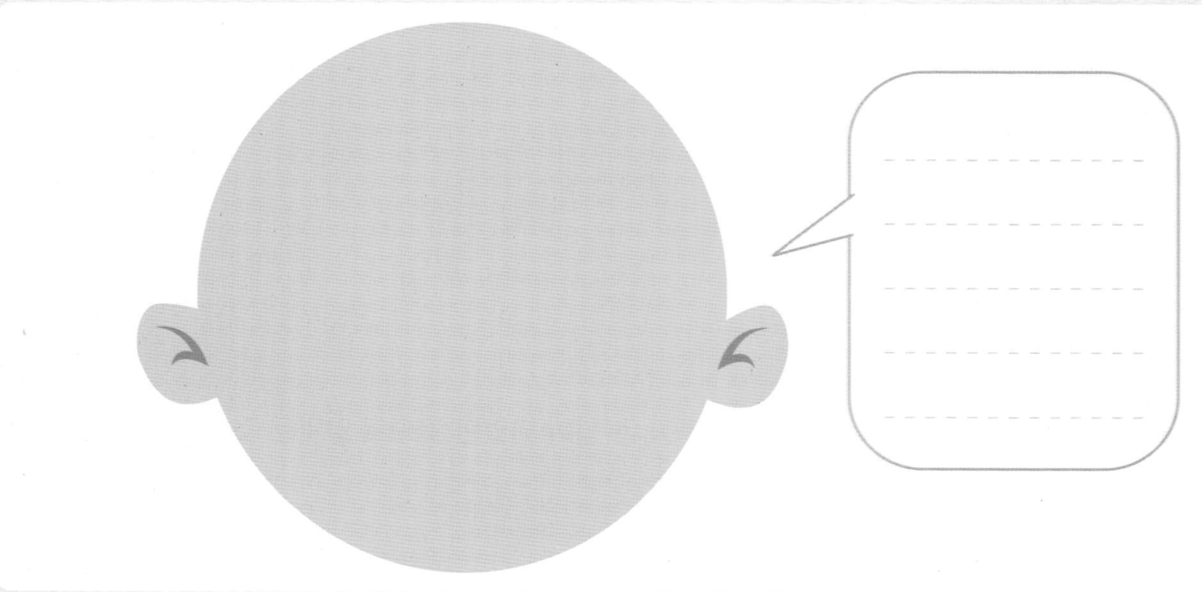

★ 표정을 그리기가 어렵다면 말로 설명해 보세요.

STEP 2

## 빈센트 반 고흐와 몰입

괄호 안에 들어갈 알맞은 낱말을 써 보세요.

빈센트 반 고흐는 화가가 된 이후로 방 안에 틀어박혀 그림만 그리기 시작했어. 특히 파리에서 지냈던 2년간 빈센트는 200여 점의 그림을 그렸어. 쉬지 않고 그림 그리기에만 몰입했다 해도 과언이 아니지.

➡ 빈센트 반 고흐처럼 ( ㅁ ㅇ )을 하면 그 어떤 방해나 어려움에도 휘둘리지 않고 집중할 수 있고, 짧은 시간에 굉장한 결과물을 만들어 낼 수도 있습니다.

STEP 3

## 몰입을 위한 집중

- 빈센트 반 고흐는 그림 그리기에 몰입했어요. 몰입은 한 가지 일에 모든 힘을 쏟아붓는 집중을 통해 경험할 수 있어요. 이렇게 내가 목표하는 일에 집중하는 것이 몰입의 시작이에요.

빈센트 반 고흐는 꿈이 여러 번 좌절되었지만 움츠리지 않고 모든 시간을 그림 그리기에 집중했어.

스물일곱 살에 화가가 되어 10년밖에 작품 활동을 하지 못했지만 수많은 그림을 그릴 수 있었던 건 자신이 선택한 일에 집중하고 모든 노력과 정성을 기울였기 때문이야.

- 여러분이 지금 꿈을 이루기 위해 몰입을 한다면 가장 먼저 무엇에 관심을 두고 집중할지 생각해 보세요.

| 나의 꿈 | 가장 먼저 집중하고 싶은 것 |
|---|---|
| | |

**이것만은 꼭!**

빈센트 반 고흐를 떠올려 봐. 고흐는 정말 많은 시련을 겪었어. 집도 가난했고, 그토록 좋아했던 첫사랑과도 이루어지지 않았어. 헌신을 다해 가난한 사람을 보살폈지만, 오히려 오해를 받아서 목회자의 길을 갈 수 없었어. 최선을 다해 그림을 그렸지만 사람들은 외면했지. 하지만 매 순간 최선을 다해서 그림을 그렸고, 결국 수많은 명작을 탄생시켰어. 오늘날 많은 사람이 고흐의 작품을 보며 감탄하고 위로를 받아. 너도 어렵고 힘들어도 포기하지 말고 네가 원하는 것에 몰입해 봐!

## 노벨상의 창설자

# 알프레드 노벨

알프레드 노벨은 다이너마이트를 발명하고, 이를 통해 쌓은 부를 바탕으로 세계에서 가장 유명하고 명예로운 상인 노벨상을 만들었습니다. 다음은 알프레드 노벨이 다이너마이트를 발명하기 위해 얼마나 많이 연구하고 실험했는지 잘 보여주는 일화입니다.

틈틈이 나이트로글리세린에 대해 연구하던 알프레드는 아버지 임마누엘이 있는 스웨덴의 실험실로 향했습니다.

나이트로글리세린으로 폭약을 만드셨다고요? 그 물질은 성능이 뛰어나지만 안전하지 않잖아요.

그래서 나이트로글리세린에 흑색 화약을 섞어서 새로운 *폭약을 만들어 봤단다.

실험 기간이 너무 짧아. 혹시라도 문제가 생기면 어쩌지?

* **폭약** 화약보다 폭발 반응 속도가 빠르고, 위력이 더 파괴적인 것

자신이 새롭게 만들어 낸 폭약에 아무 문제가 없다고 생각한 임마누엘은 그 폭약을 스웨덴 군대에 팔려고 했습니다.
대단한 발명품이오. 폭파 실험에 성공하면 우리가 사도록 하겠소.
좋습니다.

하지만 폭약은 알프레드가 우려했던 대로 문제가 생겼습니다. 바로 두 물질이 혼합된 뒤에는 시간이 지날수록 잘 터지지 않는 것이었습니다. 결국 폭파 실험은 실패하고 말았습니다.
웅성 웅성
왜 안 터지는 거야?

폭발하지 않는 폭약은 구매할 수 없습니다.
설마설마했는데 …….

나에게 생각할 시간을 다오.

아버지는 아직도 실패한 폭약에 미련이 있으신가 봐.
그 폭약은 이미 쓸모없는 것으로 판명 났어. 우리가 원하는 순간 터지지 못하면 아무 소용없는 거야.

이제 어쩌지?
새로운 방식으로 접근해야 해. 나이트로글리세린에 대해 다시 생각해 보자.
폭약을 원하는 순간에 정확히 터뜨릴 수 있는 방법을 생각해 봐야겠어.
원하는 순간에? 어떻게?
알프레드는 나이트로글리세린을 안전하면서도 원하는 시간에 폭발시킬 방법을 찾기 위해 몇 날 며칠을 고민했습니다.
형, 아직도 방법을 찾고 있어?
무언가 결정적인 방법이 떠오르질 않아.
조금 쉬어 가며 생각해.
나 좀 나갔다 올게.

나이트로 글리세린
흑색 화약
어쩌면…….
그래! 흑색 화약과 나이트로글리세린을 분리해 따로 폭발시키는 거야. 그래야 내가 원하는 순간에 확실하게 폭발할 수 있어.
내가 방법을 생각해 냈어!
에밀도 무척 기뻐할 거야.
앗! 실험실에서 폭발이!

도대체
무슨 일이야?
미안해. 방심하다가
폭발했어.
깜짝 놀랐잖아!
나이트로글리세린은
아주 작은 충격에도 이렇게
터져 버리니 정말 문제야.
하지만
우리가 노력하면
안전하게 사용할 수
있을 거야.
그리고 이건
나이트로글리세린을
다룰 수 있는
해답이지.
정말?
드디어 생각해
낸 거야?
그래.
난 흑색 화약과
나이트로글리세린을
철저히 분리해
생각했어.

우선 흑색 화약과 나이트로글리세린을 분리해야 해. 액체로 된 나이트로글리세린 안에 흑색 화약을 담은 용기를 넣고 도화선을 연결하는 거지. 이때, 도화선에 불이 붙으면 먼저 흑색 화약이 폭발하고, 그 힘으로 나이트로글리세린이 폭발하는 원리야.
흑색 화약
도화선
꽉 눌린 흙
나무 상자
나이트로 글리세린
바위
우리에게 물건을 더 주세요!
알프레드가 개발한 폭약은 액체 폭약으로 이름 붙여졌습니다. 이 폭약은 사용하고자 하는 시간과 장소에서 폭발할 수 있었고 폭발력도 매우 강력했습니다.
모두 골고루 드릴 테니, 기다려 주세요.

액체 폭약은 스웨덴에서 특허를 받으며 엄청나게 팔려 나가기 시작했습니다.
이제 광산이나 건설 현장에서 일을 좀 더 손쉽게 할 수 있겠지?

**알프레드 노벨에 관한 다음 글을 읽고 물음에 답하세요.**

알프레드 노벨은 1833년 스웨덴의 수도인 스톡홀름의 가난한 동네에서 태어났습니다. 그는 발명가인 아버지의 영향을 받아 어릴 때부터 과학에 관심을 보였어요. 어릴 적부터 몸이 허약했기 때문에 다른 형제들처럼 밖에 나가 노는 대신 아버지가 새로운 발명품을 개발하는 것을 온종일 지켜보는 날이 많았습니다. 아버지의 사업 실패로 노벨의 가족은 하루하루 끼니를 걱정해야 할 정도로 생활이 어려웠던 시절도 있었지만, 결국 아버지의 발명이 성공하여 가난에서 벗어날 수 있었습니다.

노벨은 가난에서 벗어나자 본격적으로 과학 공부를 시작했습니다. 외국으로 유학 가서 최신 과학 지식을 습득했고, 그때부터 발명에 몰두하기 시작했어요. 좋은 발명품에 대한 생각이 떠오르면 그것을 만들어 낼 때까지 실험을 쉬지 않을 정도로 발명에 푹 빠져 지냈습니다.

노벨은 주로 화약을 연구했습니다. 때때로 실험을 하다가 위험한 상황에 놓이기도 했고, 동생을 폭발 사고로 떠나보내야 하는 아픔을 겪기도 했지요. 하지만 노벨은 발명을 포기하지 않고 오히려 실험에 더 몰두했습니다.

결국, 평생 350여 개에 달하는 어마어마한 수의 특허를 취득할 수 있었고, 지금까지 알려진 가장 강력한 폭발 물질 중 하나인 '다이너마이트'를 발명했습니다. 연구에 대한 엄청난 몰입과 발명을 향한 끊임없는 열정이야말로 노벨이 최고의 발명가로 남을 수 있었던 가장 큰 이유입니다.

1 **괄호 안에 들어갈 알맞은 말을 고르세요.**

알프레드 노벨은 발명품에 대한 좋은 생각이 떠오르면 그것을 만들어 낼 때까지 실험을 쉬지 않고 몰입하였던 훌륭한 (                    )입니다.

① 학자
② 발명가
③ 전략가
④ 장군
⑤ 과학 교사

2 **알프레드 노벨이 꿈을 이루는 데 가장 큰 힘이 되었던 것으로 알맞은 것은 무엇인가요?**

① 종교적인 믿음
② 화려한 언변
③ 강인한 신체
④ 풍요로운 어린 시절
⑤ 자신의 연구에 대한 몰입

3 **알프레드 노벨에 관하여 바르게 말한 친구의 이름을 쓰세요.**

**시연** 알프레드 노벨은 체력이 좋아서 어린 시절부터 이곳저곳 아버지와 함께 다니며 직접 실험을 하여 훌륭한 발명품을 만들었어.

**소민** 알프레드 노벨은 실패를 두려워하지 않는 실험 정신과 관심 분야에 대한 끝없는 몰입으로 최고의 발명가가 될 수 있었어.

______________________________

▶ 정답: 234쪽

# Ⅱ. '나'와 알프레드 노벨

STEP 1

## 몰입 유지하기

발명에 모든 노력과 열정을 쏟아부었던 알프레드 노벨처럼 몰입을 유지하기 위해서는 몰입에 방해가 되는 것을 잘 알아 두고 이겨 내야 합니다. 내가 관심 있는 것에 몰입했을 때 방해하는 것들에는 무엇이 있나요? 다음 중 나의 몰입을 방해하는 것을 모두 골라 동그라미 하세요.

시끄러운 소리 / 게임을 하고 싶은 마음 / 쏟아지는 잠 / 배고픔

관련 없는 또 다른 생각 / 친구의 전화 / 가족들의 심부름

놀고 싶은 마음 / 몸이 아프다 / 비아냥거리는 친구

내가 하는 것을 가까이서 지켜보는 사람 / 재미있는 텔레비전 방송

이해하기 어려운 낱말 / 기운이 없다 / 화장실에 가고 싶은 마음

STEP 2

## 알프레드 노벨과 몰입

괄호 안에 들어갈 알맞은 낱말을 써 보세요.

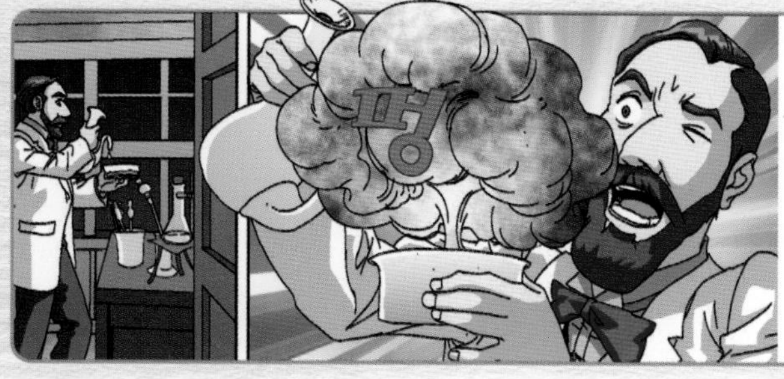


알프레드 노벨은 발명과 실험에 몰입하여 평생 350여 개에 달하는 어마어마한 수의 특허를 취득할 수 있었어.

➡ 알프레드 노벨처럼 ( ㅁ ㅇ )을 하면 자신의 관심 분야나 연구 분야에서 놀라운 결과물을 얻게 될 가능성이 커집니다.

STEP 3

## 몰입 경험 나누기

- 몰입하는 순간이 길어지고 몰입 빈도가 잦아질수록 자신이 원했던 목표에 가까이 다가가게 됩니다.

알프레드 노벨은 화약 연구에 몰입한 결과 다이너마이트를 발명했어.

자신이 만든 화약이 무기로 사용돼 많은 사람의 목숨을 빼앗았다는 것에 큰 죄책감을 느낀 뒤, 인류를 위해 할 수 있는 것이 무엇인지 찾는 데 몰입했고, 그 결과 노벨상을 만들었어.

- 어떤 일에 몰입해서 좋은 결과를 얻은 적이 있나요?

### 이것만은 꼭!

알프레드 노벨은 최고의 발명가였지만 늘 사람들의 환영을 받은 것은 아니야. 노벨이 만든 발명품을 비난한 사람도 많았고, 심지어 노벨의 발명품에 반대하는 시위가 벌어지기도 했지. 노벨은 포기하고 싶을 만큼 힘들었지만, 비난에 굴복하지 않았어. 오히려 열정을 갖고 끊임없이 연구에 몰입했지. 그래서 결국 인류 최고의 발명가이자, 노벨상의 창시자로 칭송받게 되었어. 너도 몰입을 유지할 수 있는 너만의 방법을 생각해 봐!

방사능을 발견한 집념의 과학자

# 마리 퀴리

방사성 원소를 발견하고, 방사능 연구의 문을 연 물리학자이자 화학자인 마리 퀴리는 그 연구 업적을 널리 인정받아 노벨화학상과 노벨물리학상을 받게 되지요. 다음은 호기심 많고 집중력이 뛰어났던 마리 퀴리의 어린 시절 이야기입니다.

저울같이 생긴 저건 또 어디에 쓰는 거지?

마냐!

마냐는 마리의 어릴 적 애칭이었습니다.

…….

얼마나 집중했으면 아빠가 부르는 소리도 안 들리나 보네.

허허, 그것들이 그렇게도 신기하니?

어린 마리가 훗날 과학자가 되기까지는 아버지의 영향이 가장 컸습니다. 마리의 아버지는 바르샤바의 한 중학교에서 물리를 가르치는 선생님이었습니다. 아버지의 서재에는 여러 가지 물리 실험 기구가 놓인 유리 장식장이 있었는데, 마리는 늘 장식장에 놓인 물건들에 대해 궁금해했습니다.

모두 물리 실험을 할 때 쓰는 기구들이지.
네? 아빠, 뭐라고요?
물리 실험 기구.
무, 물리, 실…….

물리, 실험, 기구.
물리, 실험, 기구요?

그렇지, 물리 실험 기구!
이름이 너무 어려워요.

겨우 네 살짜리 마리에게 '물리 실험 기구'라는 말은 너무 어려웠습니다. 그래서 마리는 뜻도 모르는 그 말을 무조건 외웠습니다.
무, 물리……
시, 실험……
기, 기구…….

아빠, 이 돌멩이로
뭘 하실 거예요?
하하하. 우리 마냐가
궁금한 게 참 많은
모양이구나.
물리라는 학문은 이렇게
여러 가지 돌멩이도
연구한단다.
네? 돌멩이를
연구한다고요?
마냐, 이런 돌멩이도 결코 하찮은
것이 아니란다. 이다음에 마냐가 자라서
물리학을 공부하게 되면 알게 될 거야.
엄마~.
엄마,
저 이다음에 커서
물리학을 공부할 거예요!

아버지의 서재에서 물리 실험 기구를
보는 것 다음으로 마리가 좋아하는 일은
책을 읽는 것이었습니다. 마리는 책에
열중하면 옆에서 누가 떠들거나
무슨 일이 벌어져도 몰랐습니다.
놀랐지!
꺅!
마냐!
…….
뭐야, 이래도
놀라지 않네.
어디 이렇게 해도
모르나 보자.
큭큭. 책을 읽다가 자리에서
일어나는 순간, 아마 깜짝
놀라 기절하고 말걸?
…….

아휴, 더 이상
기다리기도 지루해.
도대체 언제까지
기다려야 하는 거야?
됐다! 드디어 마냐가
책을 다 읽었어!
이제 곧……, 흐흐흐~.
우당탕! 쿵쾅!
깜짝이야.

정말 감명 깊은 책이었어. 다음에는 어떤 책을 읽을까?
세, 세상에……. 책에 푹 빠져서 아무것도 모르잖아.
마냐는 정말 놀라운 집중력을 가졌어.

# I. 조목조목 인물 탐험

**마리 퀴리에 관한 다음 글을 읽고 물음에 답하세요.**

마리 퀴리는 1867년 폴란드에서 태어났습니다. 마리는 사물에 대한 섬세한 호기심과 엄청난 집중력을 지닌 아이였어요. 아버지의 서재에 있는 물리 실험 기구들을 보며 신기해하고, 한 가지 생각에 집중하면 옆에서 친구들이 아무리 장난을 치고 소란스럽게 해도 전혀 눈치채지 못할 때가 많았지요.

당시는 여자가 대학에 가지 않는 것을 당연하게 여겼기에 여자가 과학자가 된다는 것은 꿈조차 꾸기 힘들었습니다. 하지만 마리는 소르본 대학교 최초로 여성 박사가 되었고, 과학자의 꿈을 이루었습니다. 이뿐만 아니라 여자는 대학교수가 될 수 없었던 당시의 전통과 관습을 무너뜨리고, 소르본 대학 최초의 여성 교수가 되었지요.

마리는 인류에게 도움이 되는 일을 해야겠다는 일념으로 자신의 삶을 과학 발전에 바쳤습니다. 마리가 피치블렌드 광석에서 라듐을 추출한 것은 끈기와 인내심 없이는 해내기 힘든 일이었지요. 마리의 실험은 우라늄과 같은 성질을 가진 원소가 또 있는지 알아보는 것에서 시작했습니다. 마리는 당시에 알려진 화학 원소 70개는 물론이고 여러 원소가 섞인 화합물까지도 모두 조사했습니다. 이를 위해 수천 번도 넘게 실험을 거듭했고, 마침내 토륨이라는 금속에서도 우라늄 원소와 같은 빛이 나온다는 사실을 알아낼 수 있었습니다.

결국, 마리는 최초로 방사성 원소 라듐을 발견했고, 이후 방사성 원소의 성질을 연구하는 데 평생을 바쳤습니다. 마리는 뛰어난 연구 성과를 인정받아 노벨상을 두 번이나 수상했습니다. 전 세계의 소녀들이 과학자의 꿈을 키워 나갈 수 있고, 오늘날 뛰어난 여성 과학자들이 활약할 수 있게 된 것은 마리 퀴리가 있었기 때문이라고 해도 지나치지 않습니다.

1 **괄호 안에 들어갈 알맞은 말을 고르세요.**

마리 퀴리는 최초로 방사성 원소 라듐을 발견했고, 방사성 원소의 성질을 연구하는 데 평생을 바친 (                    )입니다.

① 예술가
② 과학자
③ 발명가
④ 소설가
⑤ 연설가

2 **마리 퀴리가 꿈을 이루는 데 가장 큰 힘이 되었던 것으로 알맞은 것은 무엇인가요?**

① 전통을 중시하는 정신
② 신체적 장애를 극복하기 위한 노력
③ 섬세한 호기심과 엄청난 집중력
④ 관습을 따르고 계승하려는 마음
⑤ 빈민층에게 공감하고 도우려는 열정

3 **마리 퀴리에 관하여 바르게 말한 친구의 이름을 쓰세요.**

규성 마리 퀴리는 나라를 사랑하는 마음으로 불필요한 제도를 개혁하고 사람들을 설득하는 데 앞장섰어.

병찬 마리 퀴리는 인류에게 도움이 되는 일을 해야겠다는 일념으로 자신의 삶을 과학 발전에 바쳤어.

______________________

▶ 정답: 234쪽

# Ⅱ. '나'와 마리 퀴리

STEP 1

## 몰입 이해하기

몰입은 잠재력을 계발하고 자신감을 갖게 하며, 결국 삶을 더 나은 방향으로 발전시키도록 도와줍니다. 마리 퀴리는 관심을 둔 대상에 완전히 몰입했기에 놀라운 발견을 이뤄 낼 수 있었습니다. 꾸준한 연구와 몰입으로 최초로 라듐을 발견했을 때 마리 퀴리가 어떤 표정을 지었을지 그려 보세요.

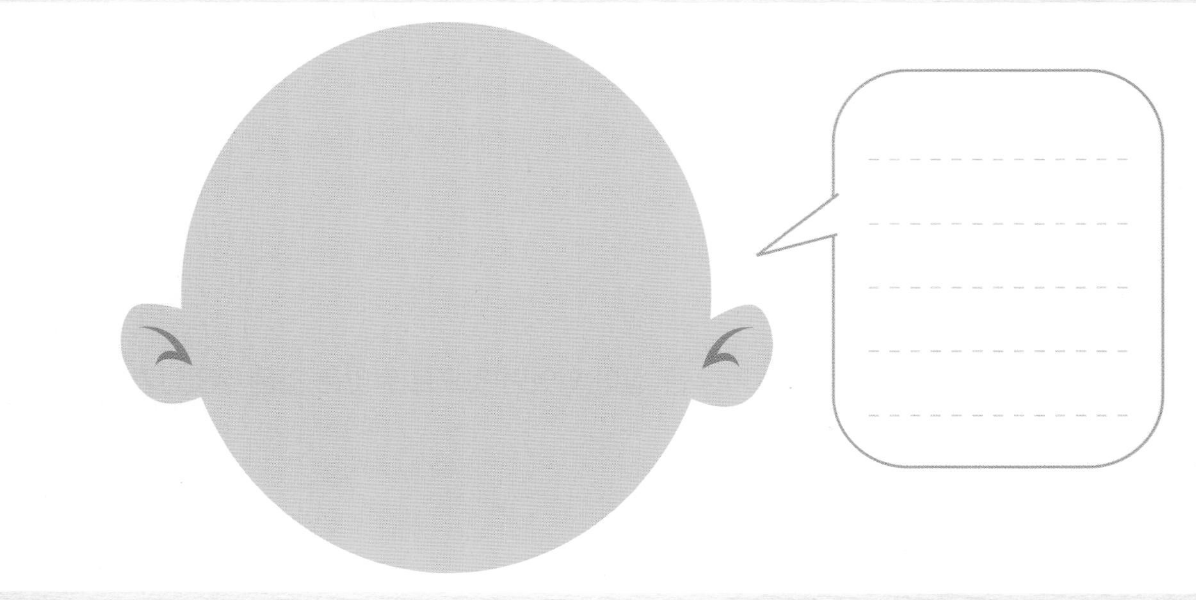

★ 표정을 그리기가 어렵다면 말로 설명해 보세요.

STEP 2

## 마리 퀴리와 몰입

괄호 안에 들어갈 알맞은 낱말을 써 보세요.

한 가지 생각에 빠지면 완전히 몰입했던 마리 퀴리는 파리의 다락방에서 혼자 살던 시절에는 제대로 먹지도 않고 공부에만 집중하다가 쓰러지기도 했어. 기운을 차린 후에도 곧바로 다시 공부에 매달렸던 그녀는 소르본 대학교 최초로 여성 박사가 되었어.

➡ 마리 퀴리처럼 ( ㅁ ㅇ ) 능력이 발달하면 시간이 한참 지난 것도 알아차리지 못할 만큼 관심 분야에 빠져들게 됩니다. 그리고 몰입한 시간과 노력만큼 그 분야에 관해서 성장하고 발전하게 됩니다.

STEP 3

## 몰입 유지하기

- 마리 퀴리는 과학 연구에 몰입하여 라듐 발견이라는 놀라운 성과를 이루었습니다. 그녀가 라듐 발견에 몰입할 수 있었던 까닭은 뛰어난 끈기와 인내력을 지녔기 때문입니다. 연구 과정에서 포기하고 싶을 만큼 힘든 순간이 닥쳐도 끝까지 참아내고 집중했던 것이지요.

피치블렌드 광석 속에 라듐이 들어 있다는 것을 알아낸 마리 퀴리는 약 30개의 화학 물질로 이루어진 피치블렌드의 원소를 하나하나 모두 분리했어.

마리 퀴리는 온종일 끓는 용액을 젓고 방사성 원소를 찾는 실험을 한 끝에 결국 라듐을 분리해 냈어.

- 여러분도 하던 일을 그만두고 싶었던 적이 있나요? 그 이유는 무엇일까요?

**이것만은 꼭!**

마리 퀴리를 떠올려 봐. 마리는 인류에게 도움이 되는 일을 해야겠다는 일념으로 자신의 삶을 과학 발전에 바쳤어. 많은 어려움이 있었지만 오로지 연구에 집중했지. 그 결과, 최초로 방사성 원소 라듐을 발견할 수 있었어. 몰입은 한 가지 일에 모든 힘을 쏟아붓는 집중을 통해 경험할 수 있어. 집중은 마음을 하나로 모으고 조정해서 버티는 힘이지. 네가 목표하는 일이 있다면, 그 일에 집중하는 것이 바로 몰입의 시작이야.

조선 후기의 대표적 실학자

# 정약용

정약용은 조선 후기를 대표하는 실학자로, 정조의 신임 아래 문학, 과학, 의학 등 다양한 분야에서 활약했어요. 다음은 정약용이 정조의 명으로 배다리를 만들었을 때의 일입니다.

내 그대를 믿고 긴히 맡길 일이 있다.

전하께서 내게 직접……?

약용은 정조로부터 한강에 *배다리 놓는 일을 명한 *조서를 받았습니다.

무슨 명령일까?

배다리 설치는 한강을 효율적으로 건너기 위해 정조가 예전부터 계획하고 있던 일이었습니다.

배다리 건설을 지휘하려면 공업과 산술, 건축 등 여러 분야를 모두 통달해야만 가능한 법. 그대의 재능을 믿고 이 일을 맡기노라.

아직 경험도 부족한 내게 이토록 큰일을 맡기시다니!

반드시 맡긴 일을 차질 없이 완수하겠습니다.

* **조서** 임금의 명령을 작성한 문서
* **배다리** 작은 배를 한 줄로 여러 척 띄워 놓고 그 위에 널빤지를 건너질러 깐 다리

예부터 한강을 건널 때 많은 사고가 있었다.

아무래도 전하를 비롯한 수천 명의 사람이 함께 움직이다 보니 그런 일이 발생하지요.

전하의 행차 때 쓸 배다리를 설계하는 일은 매우 중요한 일이다.

물살에 배가 흔들리기라도 한다면…….

어릴 때부터
다양한 학문을 접한 내가
이 일의 적임자이기에
전하께서 나에게
맡기신 것이다.
어떻게 하면 그 많은
인원이 안전하게 한강을
건널 수 있을까?
이후 약용은 배다리를 설계하는 데
온 힘을 쏟았습니다.
그래! 배 일부는 배다리의
몸체로, 나머지는 좌우에서
몸체를 고정하거나 호위하는 데
사용하자.

약용은 지금껏 배운 지식을 총동원해 배다리를 설계했습니다.

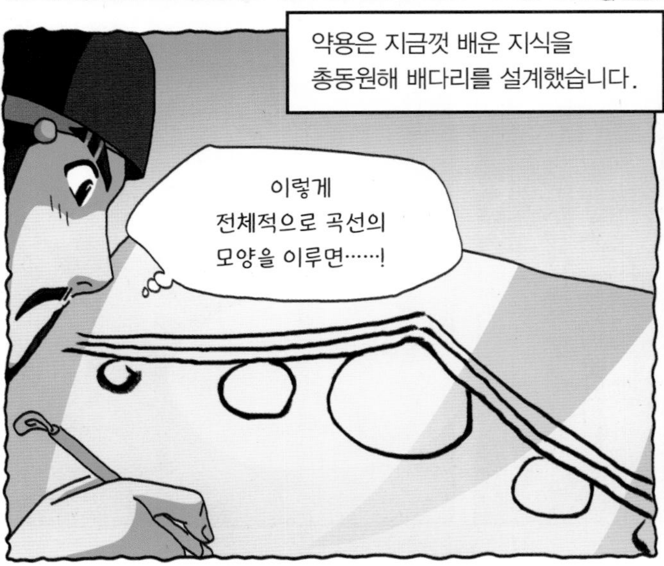

1789년(정조 13년), 한강에 배다리가 설치되었습니다.
과연 정약용이로다. 이렇게 완벽한 배다리를 만들어 내다니!
어디 저 혼자의 노력이겠사옵니까. 수많은 백성의 공이옵니다.
겸손이 지나치구나. 오늘은 맘껏 자랑해도 되느니라.

정약용은 11년 동안 정조를 보필하며 개혁 정치의 선두에 서서 거중기 제작, 수원 화성 건축, 지방 관리로서 활약 등 다방면에서 업적을 남겼습니다.

그러나 정조가 죽자 모함을 받아 정치 생활보다도 더 긴 18년 동안의 긴 유배 생활을 해야만 했습니다.

유배 생활 중에도 다양한 분야에서 무려 500여 권에 이르는 책을 저술했는데, 특히 지방 관리의 마음가짐에 대해 쓴 《목민심서》, 공정한 재판과 가혹한 형벌을 줄일 것을 제안한 《흠흠신서》, 국가를 경영하는 것에 대해 다룬 《경세유표》는 정약용의 대표작으로 꼽힙니다.

# I. 조목조목 인물 탐험

정약용에 관한 다음 글을 읽고 물음에 답하세요.

정약용은 1762년(영조 38년) 대대로 학자를 배출한 집안에서 태어났습니다. 정약용은 불과 일곱 살 때 시를 지어 사람들을 감탄시킬 정도로 영특했다고 해요. 또한, 다양한 학문을 접할 수 있었던 집안 분위기 덕분에 농사, 천문, 의학 등 분야를 가리지 않고 글을 읽고 공부했습니다.

정약용은 스물여덟에 관직에 나가 11년 동안 정조를 보필하며 개혁 정치의 선두에 섰으며, 거중기 제작과 수원 화성 건축에 큰 역할을 하고 지방 관리로서 활약하는 등 다양한 방면에서 많은 업적을 남겼어요. 하지만 이를 못마땅하게 여긴 세력의 농간으로 멀리 유배를 떠나게 됩니다.

정약용은 실학에 관심이 많았으며, 백성을 사랑하는 마음이 남달랐던 참된 선비이자 학자였습니다. 그래서 유배지에서의 고된 생활조차도 백성들의 삶을 체험하기 위한 경험으로 여기며 실학을 현실에 반영하려고 노력했습니다. 그 결과, 이 시기에 경제, 사회, 역사, 의술, 범죄학, 아동, 천문, 지리, 토목 등 다양한 분야에 몰두하여 무려 500여 권에 이르는 많은 책을 썼습니다.

정약용은 조선 후기를 대표하는 유학자로 이름을 날렸을 뿐만 아니라, 조선의 학문과 문화, 과학 기술을 집대성하고 한 단계 더 발전시킨 실학자로 여전히 기억되고 있습니다.

1 **괄호 안에 들어갈 알맞은 말을 고르세요.**

정약용은 고된 유배 생활조차도 백성들의 삶을 체험하기 위한 경험으로 여긴 훌륭한 (                )입니다.

① 의사
② 미술가
③ 실학자
④ 연예인
⑤ 가수

2 **정약용이 꿈을 이루는 데 가장 큰 힘이 되었던 것으로 알맞은 것은 무엇인가요?**

① 유학에 대한 관심
② 생명을 사랑하는 마음
③ 누구도 막을 수 없는 독서에 대한 열정
④ 백성들을 사랑하는 마음으로 여러 방면에 몰입한 것
⑤ 새로운 것에 대한 호기심

3 **정약용에 관하여 바르게 말한 친구의 이름을 쓰세요.**

효린 정약용은 노비 신분이었지만 포기하지 않고 공부하여 과거시험에 합격했어. 그리고 가난한 사람들을 위해서 자신의 재산을 나누어 주었어.

준호 정약용은 조선 후기의 대표적인 유학자이자 실학자야. 다양한 분야에 몰두하여 무려 500여 권에 이르는 많은 책을 썼어.

______________________

▶ 정답: 235쪽

## STEP 1 몰입 이해하기

정약용은 한 번 생각에 빠지면 다른 것은 보이지도 들리지도 않았어요. 모든 잡념과 방해물을 차단하고 원하는 곳에 정신을 집중하는 능력이 아주 뛰어났던 것이지요. 정약용은 몰입할 때 어떤 표정을 지었을지 그려 보세요. 또는 어떤 말을 했을지 써 보세요.

★ 표정을 그리기가 어렵다면 말로 설명해 보세요.

## STEP 2 정약용과 몰입

괄호 안에 들어갈 알맞은 낱말을 써 보세요.

정약용은 유배지에 도착한 후 한동안 마음을 추스르지 못했지만, 곧 마음을 가라앉히고 자신이 해야 할 일들을 생각하고 정리했어. 그리고 다산초당에서 제자들을 가르치며 본격적으로 연구와 저술에 몰입했지.

➡ 정약용은 뛰어난 유학자이자 실학자였어요. 사물을 관찰하고 원리를 파악하는 능력이 뛰어났고, 일단 어떤 일을 시작하면 그 일에 ( ㅁ ㅇ )해서 원하는 바를 이루고야 말았어요.

STEP 3

## 목표 세우기

- 몰입을 더 잘하기 위해서는 명확한 목표가 있어야 합니다. 목표가 명확하면, 어떤 일을 할 때 더 쉽게 몰입할 수 있고, 그 일을 제대로 하고 있는지 파악하는 데 도움이 되기 때문입니다.

정약용은 나라의 근본은 백성이라고 말했어. 백성이 행복하고 잘사는 나라를 만드는 것이 정약용의 목표였어.

그래서 정약용은 토지 문제와 농사 문제에 관심이 많았고, 백성을 다스리는 관리들이 청렴해야 한다고 생각했어.

- 여러분은 자신을 향상시키고 발전시키기 위해서 어떤 목표를 가지고 있나요?

### 이것만은 꼭!

정약용을 떠올려 봐. 정약용은 항상 나라의 근본인 백성들이 편안하게 살기를 바라는 마음으로 여러 가지 제도를 연구하고 기구를 개발했어. 유배 중일 때도 후학들을 양성하고 학문에 몰입하여 수많은 저서를 남겼지. 너도 이루고 싶은 일이 있다면 명확한 목표를 세우고 그것을 향해서 몰입해 봐. 그러다 보면 네 꿈을 하나하나 이루어 갈 수 있을 거야.

# CHAPTER 4

# 자아존중감

17강. 프리드리히 니체

18강. 넬슨 만델라

19강. 아멜리아 에어하트

20강. 한스 크리스티안 안데르센

21강. 이사도라 덩컨

현대 철학의 선구자

# 프리드리히 니체

프리드리히 니체는 "신은 죽었다"라고 말하며 도덕이나 종교보다 인간 자신의 의지가 중요하다고 주장한 철학자예요. 다음은 니체가 대학교에 다닐 때 있었던 일입니다.

오늘은 중요한
수업이라 빠질 수
없어요. 시험 보기 전
마지막 수업이거든요.

시험? 대학교까지
와서 시험 걱정이나
하고 있는 거야?

대학교는 공부하러 오는
곳이 아니야. 젊음을
즐기러 오는 곳이라고!

노는 것도 좋지만,
공부는 해야 할 것
같습니다.

현재를 아무런
노력 없이 산다면,
앞날이 불안할 것
같거든요.
인생의 어려움과 고민은
신이 해결해 줄 거야.
불안해할 필요 없어.

인생의 어려움이
신의 뜻에 따라 해결된다고?
그러니 불안하지 않다고?

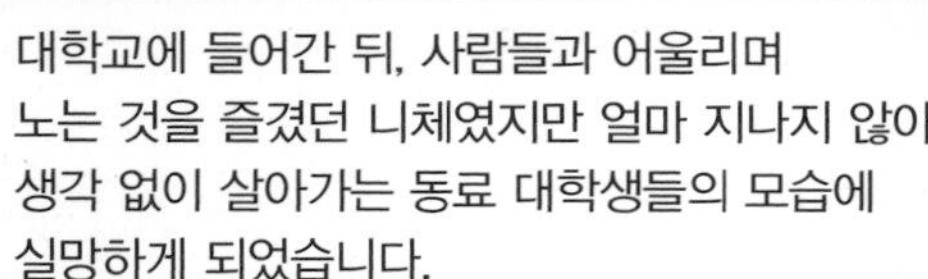
대학교에 들어간 뒤, 사람들과 어울리며
노는 것을 즐겼던 니체였지만 얼마 지나지 않아
생각 없이 살아가는 동료 대학생들의 모습에
실망하게 되었습니다.
너무 어리석은 이야기야. 자신은 아무 노력도 하지 않으면서 인생의 어려움은 신이 해결해 주길 바라고 있다니!

전 이만 가보겠습니다.
그래, 다음에 보자고.

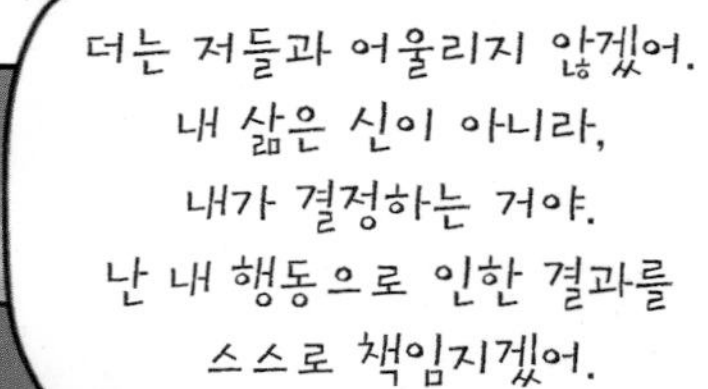
더는 저들과 어울리지 않겠어. 내 삶은 신이 아니라, 내가 결정하는 거야. 난 내 행동으로 인한 결과를 스스로 책임지겠어.

요즘은 사람들과 잘 어울리지 않나 봐?
그들과 더는 어울리고 싶지 않아졌거든.

대학교에 입학한 뒤, 신학에 대해 회의를 느낀
니체는 신학 공부를 포기하기로 했습니다.
니체는 이 결심을 가족에게 알리기 위해
부활절 휴가에 맞춰 집으로 향했습니다.

평생을 신앙과
함께하신 어머니가
충격을 받으시겠지.

후읍!

어머니,
다녀왔습니다.

그동안 잘
지내셨어요?
프리드리히,
일찍 왔구나!
오빠!

내일은 부활절이구나.
오랜만에 가족이 함께
교회에 가자꾸나.
오빠 친구들도
반가워할 거야.
!

어머니,
전 교회에 가지
않겠어요.
가지 않겠다니?
왜? 어디 아프니?

더는 신에게 의지하지 않겠어요.
저는 제 의지대로 삶을 이끌어
나가겠어요!

'모든 것은 신의 뜻이다.'
종교의 이런 가르침이
사람이 앞으로 나아갈
의지를 약하게
만들어요!

어머니, 죄송해요.
전, 전…….

신학을 포기하겠다는 이 선언은 니체의 인생에서 가장 괴로운 결정이었습니다. 신앙심 깊은 가족 앞에서 신앙을 포기한다고 말하는 것은 두 번 다시 가족의 얼굴을 보지 않겠다는 선언이나 마찬가지였기 때문입니다.

## I. 조목조목 인물 탐험

프리드리히 니체에 관한 다음 글을 읽고 물음에 답하세요.

철학자 프리드리히 니체는 1844년 독일에서 목사의 아들로 태어났습니다. 가족의 사랑을 받으며 행복한 어린 시절을 보낸 것도 잠시, 니체는 아버지와 동생이 죽는 슬픔을 겪어야 했고, 평생 병마에 시달렸어요. 하지만 삶의 고난과 어려움에 맞서며 자신의 생각을 키워 나갔고, 인간의 자기 극복 의지를 알렸습니다.

니체는 "신은 죽었다"라고 말하며 전통적인 도덕이나 종교에 의존하기보다, 인간 자신의 의지가 중요하다고 주장했습니다. 이 같은 주장은 사람들에게 큰 충격을 주었는데요, 당시에는 종교를 비판한다는 것은 엄청난 비난을 각오해야만 하는 일이었기 때문입니다.

많은 철학자들이 "현대 철학은 니체 덕분에 살아 있다"고 이야기하며 그를 높이 평가합니다. 19세기까지 대부분의 철학이 궁극적인 진리와 존재에 대한 탐구, 세계의 기원 등 손에 잡히지 않는 무언가를 궁리했지만, 프리드리히 니체는 지금의 현실과 자기 자신의 문제를 궁리했기 때문입니다. 니체 덕분에 철학의 중심이 '신'에서 '인간의 마음'으로 옮겨 왔다고 볼 수 있지요. 이것이 바로 현대 철학의 가장 중심이 되는 생각이라고 볼 수 있습니다.

프리드리히 니체는 다른 철학자들과 달리 많은 글을 남기지 않았습니다. 본격적으로 집필 활동에 매진한 기간도 비교적 짧은 편이에요. 젊을 땐 문헌학 교수로 활동했고, 말년에는 병 때문에 오랫동안 의식을 되찾지 못했기 때문이었습니다. 하지만 그의 사상은 두 차례의 큰 전쟁을 겪으며 혼란에 빠진 사람들에게 자신의 힘으로 우뚝 설 수 있는 용기를 주었습니다.

## 1 괄호 안에 들어갈 알맞은 말을 고르세요.

프리드리히 니체는 철학의 중심을 '신'에서 '인간의 마음'으로 옮기게 한 훌륭한 (          )입니다.

① 목사
② 의사
③ 철학자
④ 교황
⑤ 예술가

## 2 프리드리히 니체가 꿈을 이루는 데 가장 큰 힘이 되었던 것으로 알맞은 것은 무엇인가요?

① 겸손함
② 자아존중감
③ 종교에 대한 믿음
④ 잘못을 인정하고 반성하는 마음
⑤ 신을 동경하는 마음

## 3 프리드리히 니체에 관하여 바르게 말한 친구의 이름을 쓰세요.

**지운** 프리드리히 니체는 건강상의 문제에도 불구하고 왕성한 집필 활동을 통해 오늘날의 철학에 영향을 준 많은 책을 남겼어.

**정호** 프리드리히 니체는 신에게 의존하기보다는 인간 스스로 우뚝 설 수 있어야 한다고 주장했어. 그의 철학은 자아존중감을 강조했다고 볼 수 있어.

______________________

▶ 정답: 235쪽

# Ⅱ. '나'와 프리드리히 니체

STEP 1

## 자아존중감 이해하기

니체는 자아존중감을 중요하게 생각했어요. 자아존중감은 자신이 사랑받을 만한 소중한 존재이고, 바라는 것은 무엇이든 이룰 수 있는 유능한 사람이라고 믿는 마음이에요. 나 자신을 사랑받을 만한 소중한 존재라고 믿는 사람의 표정은 어떨지 그려 보세요.

★ 표정을 그리기가 어렵다면 말로 설명해 보세요.

STEP 2

## 프리드리히 니체와 자아존중감

괄호 안에 들어갈 알맞은 낱말을 써 보세요.

프리드리히 니체는 사람들에게 신에게서 벗어나 당당히 설 것을 주장했어. 신에게만 의지하고 맡길 것이 아니라 자기 자신을 믿고 자신의 판단을 소중하게 생각할 수 있도록 이끈 것이지.

➡ 프리드리히 니체가 주장한 것처럼 ( ㅈ ㅇ ㅈ ㅈ ㄱ )을 가지면 스스로를 소중하고 유능한 사람이라고 여기게 되고, 자기 자신에게 맞는 판단을 하며, 적극적으로 행동하게 됩니다.

STEP 3

## 자아존중감 높이기

- 자아존중감을 높이기 위해서는 무엇보다 자기 자신을 믿고, 자기 생각을 가치 있고 귀하게 생각하는 것이 중요해요.

프리드리히 니체는 어려서 아버지와 동생을 잃고 여러 가지 질병에 시달렸지만, 굉장히 독립심이 강한 소년이었어.

그는 남의 도움을 받기보다는 스스로 결정하고 도전하는 것을 좋아했고, 옳다고 생각하면 어떤 비난을 받더라도 과감하게 자신의 주장을 펼쳤지. 결국, 프리드리히 니체의 철학은 현대 철학의 중심이 되었어.

- 언제 자기 자신이 사랑스럽거나 자랑스럽다고 느꼈는지 설명해 보세요.

### 이것만은 꼭!

프리드리히 니체를 떠올려 봐. 프리드리히 니체는 건강 문제 때문에 어린 시절부터 많은 것을 포기해야 했을 거야. 하지만 자아존중감이 있었기에 좌절하지 않고 모든 어려움을 이겨 냈지. 무언가가 뜻대로 되지 않아 힘들어질 때는 너를 사랑하는 마음, 너를 자랑스러워하는 마음을 일깨워 봐.

남아공 최초의 흑인 대통령

# 넬슨 만델라

넬슨 만델라는 남아프리카 공화국 최초의 흑인 대통령이 되어 인종 차별을 없애고 나라를 화해와 통합으로 이끌었어요. 다음은 아버지의 죽음 이후 어린 만델라가 욘긴타바의 부족에서 지냈을 때의 일입니다.

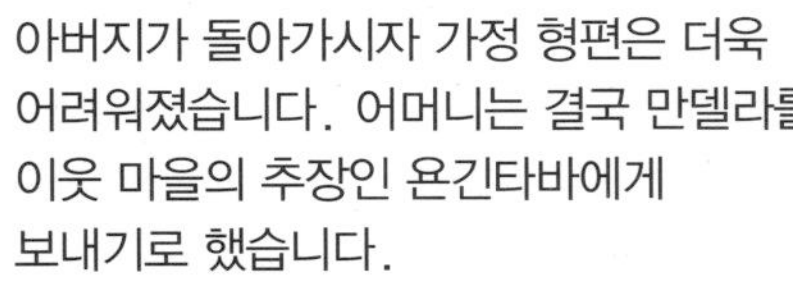
아버지가 돌아가시자 가정 형편은 더욱
어려워졌습니다. 어머니는 결국 만델라를
이웃 마을의 추장인 욘긴타바에게
보내기로 했습니다.

욘긴타바는 만델라 아버지의 도움으로
추장이 된 사람이었습니다.
그는 만델라를 기쁘게 맞았습니다.
어서 오렴.
기다리고 있었다.

넬슨.

네 아버지가 훌륭한 추장이었다는
것은 알고 있지?
내가 이 부족을 이끌게 되기까지도
네 아버지의 도움이 컸단다.
그래서 그 은혜를 갚고 싶구나.
네.

우린 한 가족이다. 이제부터 날
아버지라고 불러라. 내 아들 저스티스와도
형제로 지내고 말이다.
가, 감사
합니다.

대자연 아래
모두는
한 형제지.
서로 돕는 건
당연하단다,
넬슨.

올해는 가뭄 때문에
곡식 수확량이 많지
않습니다. 어떻게
대처할지 미리
생각해 두어야
합니다.

이런 건 추장이 미리
대비했어야 할 문제
아닙니까?
맞습니다. 먼저 추장의
자질에 대해 논의할
필요가 있어요.

아니, 농부가 추장에게
저렇게 말해도 돼?

넬슨, 아버지 말씀 잊었어?
대자연 아래 우리는 모두 한 형제야.
지위와 상관없이 말이야.
그래도 추장이잖아.

모두 똑같다니까?
추장이든 농부든,
노인이든 젊은이든.

욘긴타바의 부족 회의에서 지위와 신분의 차별은
없었습니다. 만델라는 완벽하게 평등한
이 부족 회의를 보고 깊은 감명을 받았습니다.
웅성 웅성 웅성

여러분의 말씀은
잘 들었습니다.
오늘은 시간이 늦었으니
다음에 다시 부족 회의를 열어
결론을 내리겠습니다.

넬슨,
여기서 뭐 하니?

부족 회의가 어떤 건지
궁금해서요.
휴, 졸려서
혼났네.

넬슨, 이분은 우리 왕가의 조언자이신 조이 어르신이다. 아주 현명한 분이시지.
어르신, 이 아이는 얼마 전부터 우리와 함께 살게 된 넬슨입니다.
반갑구나, 넬슨.
네, 어르신.
넬슨은 가들라의 아들이에요. 왕가의 조언자이자 템 부족 추장이었던.
아, 하얀 피부를 가진 사람들이 파면시켰던 젊은 추장 말이로군.
아버지를 아세요?
잘 알지. 전설 속 우리 선조가 다시 태어났다면 네 아버지 같았을 거다.

만델라는 밤늦도록 아프리카의 역사와 영웅들에 대한 이야기를 들었습니다.
이 일을 계기로 만델라의 가슴속엔 부족에 대한 자긍심이 싹트기 시작했습니다.

넬슨 만델라에 관한 다음 글을 읽고 물음에 답하세요.

넬슨 만델라는 남아프리카 공화국에서 존경받는 추장의 아들로 태어났습니다. "대자연 아래 모두 형제이며 평등하다"라는 부족의 가르침을 평생 가슴에 담고 살았던 만델라는 항상 자신을 소중하게 여겼으며, 강한 의지와 신념을 가지고 있었습니다.

하지만 남아공을 지배한 백인들은 백인과 흑인을 정책적으로 분리하고 차별했어요. 만델라는 흑인도 백인과 같이 존중받아야 하고, 차별하거나 차별받는 것은 옳지 않다고 생각했습니다. 그래서 그는 인종과 민족의 구별 없이 누구나 자유롭고 평등하게 살 수 있는 사회를 만들기 위해 싸우기 시작했어요. 특히 흑인 인권 운동에 앞장서며 부당한 차별에 저항했습니다. 이것은 흩어져 있던 흑인들의 생각을 하나로 모으는 데 큰 역할을 했습니다.

백인들은 이런 만델라를 감옥에 가두고 종신형을 선고하지만, 만델라의 신념을 꺾지 못했어요. 그 결과, 남아프리카 공화국에서 흑인들의 인권은 눈에 띄게 회복되었고, 만델라는 27년의 감옥 생활을 끝낸 뒤 남아프리카 공화국 최초의 흑인 대통령으로 당선됩니다.

만델라는 백인들의 탄압으로 많은 고통을 받았지만, 대통령이 된 뒤에는 오히려 백인들을 포용했습니다. 임기를 마친 뒤에도 세계 곳곳에서 벌어지는 부당한 차별에 맞섰습니다. 이렇게 그가 평생을 바쳐 주장한 자유와 평등 정신은 앞으로도 영원히 전해질 것입니다.

## 1 괄호 안에 들어갈 알맞은 말을 고르세요.

넬슨 만델라는 대자연 아래 모든 것은 평등하다는 생각으로 흑인들의 인권을 지키기 위해 노력했던 인권 운동가이자 남아프리카 공화국 최초의 흑인 (            )입니다.

① 가수
② 미술가
③ 선생님
④ 작곡가
⑤ 대통령

## 2 넬슨 만델라가 꿈을 이루는 데 가장 큰 힘이 되었던 것으로 알맞은 것은 무엇인가요?

① 뛰어난 운동신경
② 건장한 체격
③ 남들보다 센 힘
④ 백인들의 응원
⑤ 자신을 소중하게 여기는 마음

## 3 넬슨 만델라에 관하여 바르게 말한 친구의 이름을 쓰세요.

**태경** 넬슨 만델라는 부유한 환경에서 자랐고, 백인들이 흑인들보다 좋은 대우를 받는 것이 당연하다고 생각했어.

**세린** 넬슨 만델라는 백인들에 의해 흑인이 차별받는 나라에서 태어났지만 강한 의지와 신념을 지니고 인권 운동을 했어. 그리고 대통령이 된 후에는 오히려 백인들을 포용했지.

______________________

▶ 정답: 235쪽

# Ⅱ. '나'와 넬슨 만델라

STEP 1

## 자아존중감 이해하기

넬슨 만델라는 자신이 사랑받을 만한 소중한 존재이고, 바라는 것은 무엇이든 이룰 수 있는 유능한 사람이라고 믿었습니다. 그랬기 때문에 어려운 상황 속에서도 자신의 신념에 따라 적극적으로 행동할 수 있었습니다. 넬슨 만델라가 흑인을 위한 인권 운동을 할 때 어떤 표정을 지었을지 그려 보세요. 또는 어떤 말을 했을지 써 보세요.

★ 표정을 그리기가 어렵다면 말로 설명해 보세요.

STEP 2

## 넬슨 만델라와 자아존중감

괄호 안에 들어갈 알맞은 낱말을 써 보세요.

넬슨 만델라는 감옥에 갇힌 후에도 낙담하거나 포기하지 않았어. 오히려 자신의 신념을 밀어붙였지. 그는 감옥 안에서 행해지는 부당한 대우에 대항하여 싸우기 시작했고, 결국 흑인 죄수도 백인 죄수와 동등한 대우를 받게 되었어.

➡ 만델라는 흑인의 인권을 주장했을 뿐만 아니라, 모든 차별과 불평등에 맞서 싸웠어요. ( ㅈㅇㅈㅈㄱ )이 높았던 넬슨 만델라는 자신과 자신의 신념을 믿었고 결국 꿈을 이룰 수 있었어요.

STEP 3

## 자아존중감 높이기

- 자아존중감을 높이기 위해서는 먼저 자신을 사랑하고 자신의 능력을 믿는 것이 중요해요. 다른 사람이 나를 어떻게 생각하고 평가하는지를 지나치게 중요하게 여기면 자아존중감을 높일 수 없어요.

넬슨 만델라는 인종 차별이 심한 남아프리카 공화국에서 흑인으로 태어났어. 도시에서 일자리를 얻었을 무렵에는 백인과 똑같이 일하고도 흑인이라는 이유로 더 적은 월급을 받았지.

넬슨 만델라는 대자연 아래 모두는 평등하다는 생각으로 흑인 인권을 위해 노력했고, 자신이 소중한 존재라는 사실을 항상 잊지 않았어.

- 여러분은 소중한 사람인가요? 자아존중감을 높이기 위해 현재 어떤 노력을 하고 있나요?

넬슨 만델라를 떠올려 봐. 넬슨 만델라는 어린 시절부터 흑인이라는 이유로 백인들로부터 온갖 멸시와 천대를 받았지만, 자신도 백인들과 똑같은 소중한 존재라는 사실을 잊지 않았어. 대통령이 된 뒤에는 오히려 백인들을 포용했고, 세상을 떠나는 그 순간까지 세계 곳곳에서 벌어지는 부당한 차별에 맞서 싸웠어. 우리는 모두 소중한 사람이야. 우리는 모두 서로를 존중하고 배려하는 사람이 되려고 노력해야 해. 지금부터 함께 노력해 볼까?

불굴의 항공기 조종사

# 아멜리아 에어하트

아멜리아 에어하트는 여성 최초로 대서양 횡단 비행에 성공했으며 하와이에서 미국 본토로 향하는 태평양 항로를 개척했습니다. 어린 시절, 아멜리아는 부모님의 든든한 사랑과 응원이 있었기에 밝고 씩씩하게 꿈을 키워 나갈 수 있었습니다.

마을 어른들은 남자아이들과 활발하게 어울리는
아멜리아를 못마땅하게 여겼습니다.

다녀왔습니다!
꽈당

아멜리아, 내가 함부로
뛰어다니지 말라고
했잖니?
죄송해요, 할머니.
그런데 엄마는요?

저녁 시간이 다 됐으니
아마 곧 들어올 게다.

형편이 어려웠던 아멜리아의 가족은 외가에서 지내고 있었습니다. 집을 마련하기 위해 열심히 일하시는 부모님을 대신해 외할머니와 외할아버지께서 아멜리아와 동생 뮤리엘을 돌봐 주셨습니다.

아멜리아의 아버지는 경제적 능력은  부족했지만, 아멜리아와 뮤리엘에게는 한없이 자상했습니다.

당시 여자아이들은 조용하고 얌전한 여성으로 자라야 한다고 교육받았습니다.

아멜리아를 왈가닥으로 키우는 어머니를 동네 사람들이 이해하지 못하는 것도 당연했습니다.

좋을 대로 하세요.
난 아멜리아를 지금처럼
밝은 아이로 키울
테니까요.

뭐, 뭐라고요?
그러니 이제
모두 돌아가
주세요!

여기서 친구들과 함께 야구 하며
재밌게 놀았었는데, 이젠 아무도
내 곁에 없어…….

하루 종일 혼자 시간을 보낸 아멜리아는
힘없이 집으로 돌아갔습니다.

아멜리아, 무슨 일 있었니?
왜 이렇게 기운이 없어?

전 이제 밖에서
뛰어놀지 않기로
결심했어요.

그게 무슨 소리니?
너처럼 활달한
아이가 뛰어놀지
않겠다니.

아멜리아는 언제나 든든한 버팀목이 되어 준 어머니 덕분에 자신감 넘치는 여성으로 성장할 수 있었습니다.

**아멜리아 에어하트에 관한 다음 글을 읽고 물음에 답하세요.**

스스로 비행기를 조종하여 대서양을 횡단한 최초의 여성 비행사인 아멜리아 에어하트는 1897년 미국에서 태어났습니다. 어린 시절 가족 모두가 외가에서 생활했을 정도로 형편이 어려웠지만, 아멜리아는 씩씩하고 밝게 자라났어요. 타고난 모험가였던 아멜리아는 썰매를 더 신나게 타고 싶어서 일부러 급경사를 골라서 타고 내려갔고, 일곱 살의 나이에 롤러코스터를 만들어 집에서 타고 놀기도 했답니다.

아멜리아는 뚜렷한 자기 주관을 가지고 흔들림 없이 일을 해내는 성격을 지니고 있었습니다. 어렸을 적 썰매를 타고 놀 때도, 자라서 병원에서 봉사활동을 할 때도, 자동차 정비를 배울 때도, 비행사가 되겠다고 결심했을 때도 아멜리아는 항상 스스로 결정을 내리고 행동에 옮겼지요.

그녀는 혼자 힘으로 대서양을 횡단함으로써 여성도 자립할 수 있다는 것을 몸소 보여 준 선구자였습니다. 하와이에서 미국 본토로 향하는 태평양 항로를 개척했던 아멜리아는 당시 경제 대공황에 지쳐 있던 세계인들에게 자신감과 희망을 일깨워 주었어요. 그녀는 여성 최초로 미 국립 지리학회의 금메달을 받았으며, 프랑스 정부는 그녀의 군사적 공로를 인정하여 최고 훈장을 수여했습니다.

'창공의 여왕' 아멜리아 에어하트는 1937년에 세계 일주를 목표로 미국 오클랜드를 출발했지만 안타깝게도 하울란드섬 부근에서 실종되었습니다. 하지만 시대를 앞서간 개척자였던 아멜리아가 보여 준 불굴의 도전 정신과 자신을 사랑하고 존중했던 마음은 오늘날까지도 많은 사람에게 감동을 주고 있습니다.

## 1 괄호 안에 들어갈 알맞은 말을 고르세요.

> 아멜리아 에어하트는 여성 최초로 대서양 횡단 비행에 성공했으며, 하와이에서 미국 본토로 향하는 태평양 항로를 개척한 (　　　　)입니다.

① 정치인
② 변호사
③ 수영선수
④ 장군
⑤ 비행기 조종사

## 2 아멜리아 에어하트가 꿈을 이루는 데 가장 큰 힘이 되었던 것으로 알맞은 것은 무엇인가요?

① 비행기 회사를 운영했던 아버지의 지원
② 바닷가 가까이에서 살았던 경험
③ 신분 제도로 인한 차별을 극복하려는 의지
④ 자기 생각을 존중하고 흔들림 없이 일을 추진하는 능력
⑤ 다른 사람의 감정에 공감하고 봉사하려는 정신

## 3 아멜리아 에어하트에 관하여 바르게 말한 친구의 이름을 쓰세요.

**철진** 아멜리아 에어하트는 세계 최초로 스스로 비행기를 조종하여 대서양을 횡단한 여성이자 모험가였으며, 여성도 자립할 수 있다는 것을 몸소 보여 주었어.

**성운** 아멜리아 에어하트는 전쟁이 발발하자 의사로 지원하여 부상 당한 사람들을 헌신적으로 돕던 중에 안타깝게도 실종되었어.

______________________

▶ 정답: 235쪽

# Ⅱ. '나'와 아멜리아 에어하트

STEP 1

## 자아존중감 이해하기

나의 중심은 나 자신입니다. 다른 사람의 생각을 주의 깊게 듣고 도움을 받는 것도 중요하지만, 그보다 앞서 자기 생각을 존중할 줄 알아야 합니다. 나 자신을 존중할 때 자신감이 생기고, 다른 사람들도 내 생각을 더 존중해 주기 때문이지요. 내가 무엇을 원하는지 생각하면서, 내 생각에 진지하게 귀 기울일 때의 내 표정을 그려 보세요.

★ 표정을 그리기가 어렵다면 말로 설명해 보세요.

STEP 2

## 아멜리아 에어하트와 자아존중감

괄호 안에 들어갈 알맞은 낱말을 써 보세요.

아멜리아 에어하트는 동네 최고의 말괄량이 소녀였어. 몇몇 마을 어른들이 이런 아멜리아를 못마땅하게 여기기도 했지. 하지만 아멜리아 에어하트는 늘 밝고 당당했고, 결국 자기 주관이 뚜렷한 사람으로 성장할 수 있었어.

➡ 아멜리아 에어하트는 ( ㅈ ㅇ ㅈ ㅈ ㄱ )이 높았어요. 그래서 다른 사람들의 시선에 신경 쓰기보다는 자기 생각에 따라 판단하고 행동하며 씩씩하고 밝게 자랐어요.

STEP 3

## 자아존중감 높이기

- 다른 사람의 판단과 칭찬도 중요하지만, 자아존중감을 높이기 위해서는 스스로 칭찬하고 자신을 가치 있는 존재로 생각하는 것이 중요합니다.

아멜리아 에어하트는 1928년 여성 비행사 최초로 대서양을 횡단하여 사람들로부터 엄청난 주목을 받았어.

하지만 아멜리아는 그때 자신의 역할이 보조적인 데 그쳤기 때문에 자신에게는 진정한 대서양 횡단 성공이라고 생각하지 않았어. 그래서 혼자만의 힘으로 대서양을 횡단하겠다고 결심했지.

- 나 스스로 내가 뛰어나다고 생각한 적이 있나요? 나 자신에게 칭찬의 말을 해 주세요.

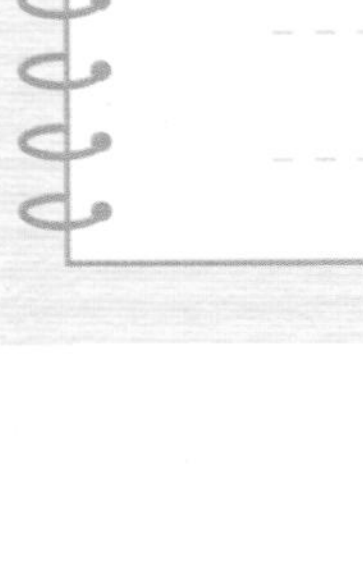

### 이것만은 꼭!

아멜리아 에어하트를 떠올려 봐. 아멜리아 에어하트는 스스로 비행사가 되겠다고 결심하고 실천했어. 그녀가 남들의 비난이나 판단에 휘둘리지 않고 자신의 판단대로 행동할 수 있었던 가장 큰 이유는 자아존중감이 높았기 때문이야. 자아존중감이 높으면 주변 환경에 따라 마음이 흔들리지 않고 나에게 도움이 되는 판단을 할 수 있어. 잊지 마, 나 자신을 먼저 사랑하고 아끼는 것이 자아존중감의 시작이라는 것을 말이야.

동화의 아버지

# 한스 크리스티안 안데르센

한스 크리스티안 안데르센은 어린이만을 위한 이야기가 거의 없던 시절, 동화라는 문학 분야를 개척한 동화 작가입니다. 다음은 상상력이 풍부하고 이야기를 만들며 놀기를 좋아했던 안데르센의 어린 시절에 있었던 일입니다.

안데르센은 실 잣는 방에서 할머니들을 만나는 것을 매우 좋아했습니다. 책에는 나오지 않는 환상적인 이야기를 잔뜩 들을 수 있었기 때문이었습니다.

할머니들 이야기는 정말 재미있어요. 하지만 저라면 줄거리를 다르게 바꿀 거예요.

어떻게 말이냐?

할머니들에게서 들은 옛날 이야기는 안데르센의 마음에 깊은 인상을 남겼습니다.

주인공은 가난한 병사예요. 그리고 착한 마녀가 병사를 도와줘서 악마를 무찔러요!

안데르센은 들은 이야기를 머릿속으로 재구성하면서 자신만의 상상을 펼쳤습니다.

* **리테르** 독일어로 기사 * **자우베러** 독일어로 마녀

1816년 4월 26일,
정신 착란으로 고통받던 아버지는
결국 숨을 거두고 말았습니다.
이때 아버지의 나이는 겨우
서른네 살이었습니다.

마을 사람들은 아빠가
미쳤다고 놀리며 비웃었어.
아빠는 우리를 위해
애쓰셨던 것뿐인데……
돌아가신 아빠가
자랑스러워할 만큼
성공할 거야. 아빠도 분명히
그러길 원하실 거야.

아버지의 비참한 죽음은 안데르센에게
두려움을 심어 주었습니다.
재 할아버지도 미쳤었지?
할아버지와 아빠가 둘 다
미치는 경우는 흔치 않은데,
혹시 집안 내력 아니야?
그럼 저 애도
혹시……?
그러고 보니 재도
혼자 중얼거리며
돌아다니곤 하더라.

약해지지 말자!
난 기필코
성공할 거야. 그래서
상류층 사람들처럼
존경받는 사람이
될 거야.

이때부터 안데르센은
사람들에게 인정받으려고
필사적으로 노력했습니다.
상류층 사람들과 친분을
쌓기 위해 그들의 집을
방문하기도 했습니다.
너희 친척 중에
궁에 드나드는
작가가 있다며?
소개시켜 줄래?
글쎄, 물어보고
연락해 줄게.

그러나 겉으로 보이는 행동과 달리 안데르센은
점점 더 소극적이고 우울해졌습니다.

아버지를 잃은 상실감이 너무 컸던 것입니다.
아빠…….

안데르센은 혼자 있을 때에는 조용히 책을 읽거나
인형극을 하며 허전한 마음을 달랬습니다.
마녀의 숲에서
고통받는 공주를
구해 내리라!

어랏? 그런데 생각나는 대로 하니까
이야기가 뒤죽박죽이 되네.

그렇다면 내가
대본을 직접 써 볼까?

용감한 왕자님이시여, 저를 좀 도와주세요.
저는 이 나라의 공주인데…….

윽, 이건 아닌 것 같아.
너무 시시하잖아.
대사를 좀 더
재미있게
바꿔 봐야지.

잠깐! 어째서
항상 왕자가
공주를 구하지?

반대로 하녀가
왕자님을 구하면
더 흥미진진해지지
않을까?

사람들은 혼자서 인형을 가지고 이야기를
만들며 노는 안데르센을 이상하다고
생각했습니다. 하지만 이 인형 놀이야말로
훗날 안데르센의 상상력과 연기력의
바탕이 된 훌륭한 학습이자 재능의
원천이었습니다.

한스 크리스티안 안데르센에 관한 다음 글을 읽고 물음에 답하세요.

한스 크리스티안 안데르센은 1805년 가난한 구두 수선공의 외아들로 태어났습니다. 문학을 좋아해서 늘 책을 읽어 주었던 아버지와 글을 읽을 줄은 몰랐지만 마을에 전해 내려오는 전설을 많이 알고 있었던 어머니 밑에서 안데르센은 누구보다도 상상력이 풍부한 아이로 자랐습니다.

안데르센은 여러 가지 예술 분야에서 재능을 드러냈습니다. 목소리가 좋아서 시 낭독과 노래를 잘했고, 풍부한 상상력으로 환상적인 글을 쓰기도 했습니다. 무엇보다 안데르센 스스로 자신을 사랑했고, 자신의 예술적인 재능에 대한 확신이 있었어요. 언젠가 세상이 자신을 알아줄 날이 반드시 올 것이라고 믿고 필사적으로 노력했지요.

하지만 그런 안데르센도 아픔을 겪어야 했습니다. 배우의 길을 열망했으나 변성기를 지나면서 아름다운 목소리를 잃고 못생긴 외모 때문에 극단에서 쫓겨나기도 했어요. 작가가 되겠다고 결심한 후에는 기초가 부족하다는 이유로 정성껏 쓴 글이 쓰레기 취급을 받기도 했지요. 심지어 후원자들조차 등을 돌려 생활고에 시달리기도 했습니다. 하지만 모든 걸 포기하고 고향으로 내려가야 할 상황에서도 안데르센은 계속 도전했습니다.

결국, 안데르센은 세계 최초의 창작 동화 작가가 되었고, 당시만 해도 어른들에게 한정되었던 문학을 아이들에게까지 전파한 선구자 역할을 했습니다. 그가 세상을 떠난 지 한 세기가 지난 지금까지도 안데르센의 동화는 연극, 영화, 만화 등 다양한 형태로 만들어져서 전 세계 어린이의 사랑을 받고 있답니다.

## 1 괄호 안에 들어갈 알맞은 말을 고르세요.

안데르센은 늘 자신의 재능이 뛰어나다고 믿었고 자신을 사랑했습니다. 결국, 안데르센은 세계 최초의 (                    )가 되어 아이들에게 문학을 전파했습니다.

① 미술가
② 신문기자
③ 동화 작가
④ 작곡가
⑤ 요리사

## 2 안데르센이 꿈을 이루는 데 가장 큰 힘이 되었던 것으로 알맞은 것은 무엇인가요?

① 변해 가는 목소리
② 자신을 믿고 사랑하는 마음
③ 볼품없는 외모
④ 고향에서의 행복한 생활
⑤ 후원자의 든든한 지원

## 3 안데르센에 관하여 바르게 말한 친구의 이름을 쓰세요.

**유빈** 안데르센은 자신을 사랑하는 마음과 자신의 재능에 대한 강한 신념으로 세계 최초의 창작 동화 작가가 되었어.

**민도** 안데르센은 아이들만 읽던 동화를 어른들도 읽을 수 있도록 노력했어. 안데르센은 목소리가 아주 좋아서 그가 동화를 읽으면 모두 귀 기울여 들었다고 해.

______________________

▶ 정답: 236쪽

# Ⅱ. '나'와 한스 크리스티안 안데르센

STEP 1

## 자기 확신 갖기

자아존중감을 가지려면 자신을 믿는 마음이 있어야 합니다. 그렇다고 다른 사람을 무시하거나 무조건 자신이 다른 사람보다 낫다고 생각하라는 것은 아니에요. 자신을 잘 이해하고 평가하면서 자신감을 계속 유지해야 해요. 항상 자신의 능력을 믿었고, 한 번도 의심하지 않았던 안데르센은 당시에 어떤 표정을 지었을지 그려 보세요. 또는 어떤 말을 했을지 써 보세요.

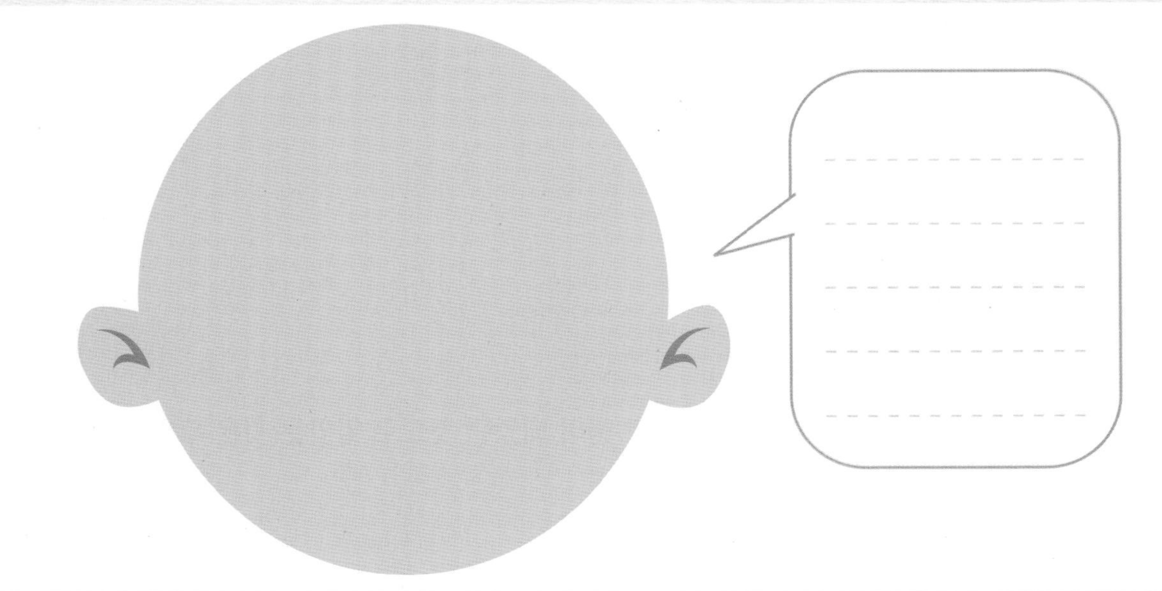

★ 표정을 그리기가 어렵다면 말로 설명해 보세요.

STEP 2

## 한스 크리스티안 안데르센과 자아존중감

괄호 안에 들어갈 알맞은 낱말을 써 보세요.

안데르센은 자신의 재능을 의심하지 않았어. 자신의 글을 욕하는 사람이 있어도 자신감을 잃지 않고 글쓰기를 포기하지 않았지. 그 결과 안데르센은 세계 최초의 창작 동화 작가가 되었어.

➡ 안데르센은 아무리 힘든 일을 겪어도 절대 포기하지 않았어요. 아이들이 읽을 수 있는 동화를 만들 수 있었던 것도 모두 ( ㅈ ㅇ ㅈ ㅈ ㄱ )이 높았기 때문이에요.

STEP 3

## 나를 사랑하기

- 무엇보다 가장 중요한 건 나를 사랑하는 마음이에요. 다른 사람이 나에 대해서 뭐라고 생각하고 말하든 나 스스로 생각이 흔들리지 않으면 아무 문제도 없답니다.

안데르센은 외모와 목소리 때문에 배우의 꿈을 접어야 했고, 글을 쓰는 능력도 의심받았어. 하지만 한순간도 포기하지 않았어.

자신의 재능을 의심하지 않고 글 쓰는 일에 계속 도전했고, 마침내 꿈을 이룰 수 있었지.

- 여러분은 나를 사랑하고 있나요? 나를 사랑하는 마음을 글로 표현해 보세요.

안데르센을 떠올려 봐. 안데르센은 아무리 어려운 일이 닥쳐도 자신을 믿고 포기하지 않았어. 신문사나 출판사에 보냈던 글이 되돌아오면 오히려 더 많은 곳에 다시 보냈고, 문법학교에서 글쓰기를 금지당했을 때는 10킬로미터나 떨어진 다른 마을의 독서 모임에 가서 글을 썼지. 자신을 사랑하고 자신의 재능에 대한 확신이 있었기 때문이 아닐까? 너도 작은 일부터 한 가지씩 스스로 약속하고 그 일을 실천해 나간다면 너 자신을 더 믿고 사랑할 수 있을 거야.

현대 무용의 창시자

# 이사도라 덩컨

이사도라 덩컨은 전통 무용에서는 찾아볼 수 없는 창의적인 표현 방식을 선보여 현대 무용의 개척자로 불립니다. 다음은 예술 감각이 남달랐던 이사도라 덩컨의 어린 시절을 엿볼 수 있는 일화입니다.

어린 이사도라는 작고 허름한 집에서 어머니의 따뜻한 보살핌과 형제자매들의 사랑을 받으며 무럭무럭 자랐습니다.
그러던 어느 날, 이사도라가 집 앞 공터에서 나무가 바람에 흔들리는 모습을 보고 몸으로 따라 표현하는 일이 있었습니다.

이사도라가 이번에는
네발로 강아지를
쫓아가고 있어요!

이사도라는 강아지의 동작을 똑같이 흉내 냈습니다.

이사도라는 아픈 게
아니야. 사물을
흉내 내는
거야.

정말요?
다행이다.

어린 나이에
저만큼 흉내를
잘 내다니.
이사도라는 뭔가
특별해.

아아, 로미오!
당신은 어째서
로미오인가요!
줄리엣!
예술을 좋아하는 어머니의 영향을 받아서인지 이사도라 형제자매들은
전문적인 교육을 받지 않았음에도 불구하고 남다른 예술적 감각을 지니고 있었습니다.

오거스틴은 연기에 소질을
보였고, 엘리자베스와 레이먼
드는 춤을 잘 췄습니다. 어린
이사도라도 오빠와 언니를
따라 춤을 추곤 했습니다.

난 혼자니까
다른 춤출래!

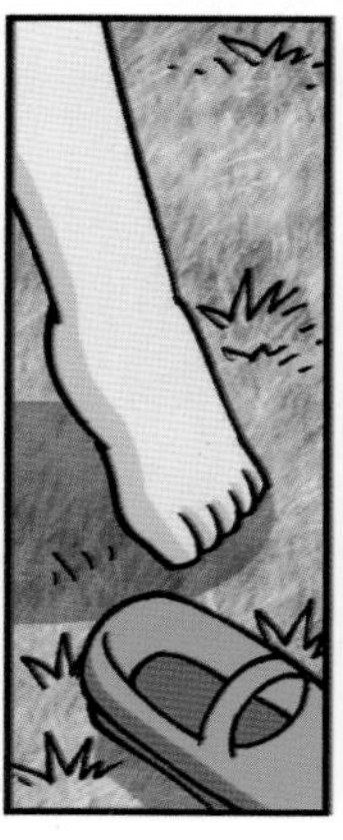

이사도라, 왜
맨발로 춤을 추니?
발 다치면
어쩌려고.

어려운 가정 형편 때문에 정식으로 춤을 배울 수 없었던 이사도라는 어려서부터 숲과 바다를 돌아다니며 자연 속에서 몸을 움직이는 것을 좋아했습니다.

지금 나는
연못 위를 떠다니며
춤추는 요정이에요!

형식을 중요하게 여기는 발레와 달리 이사도라의 춤은 매우 자연스럽고, 감정이 그대로 드러났습니다. 춤에 대한 지식이 없는 사람이 볼 때도 이사도라가 무엇을 표현하는지 금방 알 수 있을 정도였습니다.

이사도라는 여섯 살 무렵에
자기보다 어린 아이들을 모아 놓고
춤을 가르쳤습니다.
소꿉놀이 같던 이 무용 학교는
놀랍게도 그 뒤로 10년이 넘도록
이어졌습니다.

자, 1달러!
어째서 돈을 주세요?
심지어 몇 년 뒤에는 교습비까지 주는
어른이 생겼을 정도였습니다.

선생님한테 교습비는
당연한 거 아니니.
게다가 네 덕분에
우리 아이들이
놀 곳도 생겼고.

앞으로도
잘 부탁한다!
고맙습니다!

이사도라는 무용 학원에 다닌 경험이 없었습니다. 하지만 동네 꼬마들을 가르친 이 경험은 훗날 유럽에서 무용 학교를 만들 때에 큰 도움이 되었습니다.

동작을 우아하게!
하나! 두울! 세엣!

# I. 조목조목 인물 탐험

**이사도라 덩컨에 관한 다음 글을 읽고 물음에 답하세요.**

1877년, 미국 샌프란시스코에서 태어난 이사도라 덩컨은 풍족한 환경은 아니었지만, 어머니의 따뜻한 보살핌과 형제자매들의 사랑을 받으며 자랐습니다.

이사도라 덩컨은 어려서부터 매우 자유분방하고 자기 생각을 잘 굽히지 않는 고집스러운 성격을 갖고 있었던 한편, 다른 사람들에게서 좋은 면을 발견하면 받아들일 줄 알았습니다. 이러한 점은 그녀가 스스로 더욱 발전할 수 있게 했지요.

또한, 이사도라 덩컨은 용기 있고 자신을 사랑하는 사람이었어요. 아무리 괴롭고 힘든 일이 있어도 포기하지 않고 자신의 능력을 믿고 노력했습니다. 며칠을 굶은 후에도 춤을 출 수 있는 체력이 남아 있다는 사실에 기뻐했고, 화재 사고를 오히려 더 넓은 무대로 나아갈 수 있는 계기로 삼고 새로운 희망을 품었습니다.

이사도라 덩컨은 형식에만 치우쳐 있던 발레 대신 자유로운 형식의 창작 무용을 예술의 영역까지 끌어올렸습니다. 이사도라 덩컨의 활약으로 창작 무용은 한 단계 더 발전해 현대 무용으로 발전하게 되었지요. 20세기 들어 발전한 새로운 무용 중에 이사도라 덩컨의 영향을 받지 않은 것은 없습니다. 그래서 이사도라 덩컨을 '현대 무용의 어머니'라고도 한답니다.

1 **괄호 안에 들어갈 알맞은 말을 고르세요.**

어려서부터 자유분방한 성격이었던 덩컨은 용기 있고 자신을 사랑하는 (          )였습니다.

① 건축가
② 의사
③ 작곡가
④ 무용가
⑤ 철학자

2 **이사도라 덩컨이 꿈을 이루는 데 가장 큰 힘이 되었던 것으로 알맞은 것은 무엇인가요?**

① 부유한 환경
② 자신을 사랑하는 마음
③ 궁금증과 호기심
④ 형제자매의 사랑
⑤ 예술에 대한 열정

3 **이사도라 덩컨에 관하여 바르게 말한 친구의 이름을 쓰세요.**

예원 이사도라 덩컨은 창작 무용을 현대 무용으로 발전시켰기에 '현대 무용의 어머니'라고 불리고 있어.

지유 이사도라 덩컨은 발레를 매우 발전시킨 인물이야. 발레를 사랑했고, 발레 형식의 춤을 추는 데 매우 뛰어났지.

______________________

▶ 정답: 236쪽

# II. '나'와 이사도라 덩컨

STEP 1

## 자아존중감 이해하기

자신이 사랑받을 만한 소중한 존재이고, 바라는 것은 무엇이든 이룰 수 있는 유능한 사람이라고 믿는 마음이 자아존중감이라고 했지요. 여러분은 자신을 믿고 사랑하고 있나요? 그럴 때 여러분은 어떤 표정을 짓고 있을지 그려 보세요. 또는 어떤 말을 할지 써 보세요.

★ 표정을 그리기가 어렵다면 말로 설명해 보세요.

STEP 2

## 이사도라 덩컨과 자아존중감

괄호 안에 들어갈 알맞은 낱말을 써 보세요.

이사도라 덩컨은 아무리 어려운 일이 있어도 성공할 수 있다고 생각했어. 새로운 무대에서 처음부터 다시 시작하는 일을 망설이지 않았고, 기존 예술계의 비판이나 반대에도 휘둘리지 않고 용기를 가지고 자기의 예술을 고집했어.

➡ 이사도라 덩컨은 자기 재능에 대해 누구보다도 자부심이 있었습니다. 그래서 노력하면 성공하지 못할 일이 없다고 믿었지요. 이러한 ( ㅈㅇㅈㅈㄱ )으로 그녀는 꿈을 실현했어요.

STEP 3

## 나를 사랑하기

- 나를 사랑하는 것은 다른 사람과 나를 비교하는 것이 아니라 나를 있는 그대로를 받아들이고 소중하게 여기는 것입니다.

이사도라 덩컨은 어렸을 때 매우 가난했지만, 단 한 번도 가난 때문에 주눅 들거나 움츠러들지 않았어.

실패를 두려워하지 않는 용기와 자신을 사랑하는 마음이 있었기에 이사도라 덩컨은 역사에 이름을 남긴 무용가가 될 수 있었어.

- 있는 그대로의 나를 떠올리면서 내가 가장 사랑하는 내 모습을 설명해 보세요.

이사도라 덩컨을 떠올려 봐. 이사도라 덩컨은 자신을 믿었고 사랑했어. 아무리 어려운 일이 있어도 항상 용기를 내서 문제를 해결했어. 자유분방한 성격이었지만 다른 사람의 장점을 본받을 줄 알았고, 자신이 소중한 만큼 다른 사람도 소중하다고 생각했어. 혹시 지금 뜻하는 대로 되지 않는 일이 있어서 실망하거나 우울해하고 있지는 않니? 너무 걱정하지 마. 긍정적인 마음으로 자신을 믿고 차근차근하게 해 나가면 무슨 일이든 잘할 수 있을 거야.

모범 답안

## 1강 동기 ① 라이트 형제

### I. 조목조목 인물 탐험

1 ③ 2 ① 3 예준

### II. '나'와 라이트 형제

**[STEP 2] 라이트 형제와 동기**

동기

**[STEP 3] 나만의 동기 찾기**

- 공룡이 언제, 어떻게 멸종됐는지 궁금해졌고 연구하고 싶었다.
- 지하철 노선도를 입체적으로 만들어서 한눈에 잘 보이게 만들고 싶었다.
- 내 방을 내가 원하는 대로 꾸미고 물건의 위치를 바꾸고 싶어서 그렇게 해본 적이 있다.

## 2강 동기 ② 에이브러햄 링컨

### I. 조목조목 인물 탐험

1 ⑤ 2 ④ 3 희영

### II. '나'와 에이브러햄 링컨

**[STEP 2] 에이브러햄 링컨과 동기**

동기

**[STEP 3] 동기 유지하기**

- 나는 누구보다 실천을 잘하니까 하고자 하는 일을 끝까지 해낼 수 있을 거야.
- 나는 나 자신을 믿고 응원해.
- 나는 포기하지 않아. 나에게는 나를 응원해 주는 친구들과 가족이 있으니까.

## 3강 동기 ③ 광개토 대왕

### I. 조목조목 인물 탐험

1 ① 2 ④ 3 현수

### II. '나'와 광개토 대왕

**[STEP 2] 광개토 대왕과 동기**

동기

**[STEP 3] 동기 강화하기**

- 방학 동안 책 50권 읽기에 도전했던 적이 있다.
- 방학 동안 매일 일기를 쓰겠다고 결심했다.
- 방학 동안 아침마다 내 방 청소를 하고 집안일을 돕겠다는 계획을 세웠다.

## 4강 동기 ④ 버지니아 울프

### I. 조목조목 인물 탐험

1 ② 2 ⑤ 3 수아

### II. '나'와 버지니아 울프

**[STEP 2] 버지니아 울프와 동기**

동기

**[STEP 3] 동기를 행동으로 옮기기**

- 학교 공부를 열심히 하고 있다.
- 관심 있는 분야의 행사가 있으면 꼭 참여하고, 매주 도서관에 가서 관련 자료를 찾아본다.
- 계획표를 세워서 붙여놓고 규칙적으로 생활하면서 계획한 대로 실천하려고 노력한다.

## 5강 동기 ⑤ 루트비히 판 베토벤

### I. 조목조목 인물 탐험

1 ④ 2 ④ 3 소임

### II. '나'와 루트비히 판 베토벤

**[STEP 2] 루트비히 판 베토벤과 동기**

동기

**[STEP 3] 동기를 행동으로 옮기기**

- 인터넷에서 관심 분야의 전문가가 설명하는 영상을 찾아 꾸준히 시청하고 있다.
- 계획대로 잘되지 않을 때는 엄마와 얘기해서 용기를 얻고 다시 힘을 내서 시작하곤 한다.

## 6강 동기 ⑥ 알렉산더 플레밍

**I. 조목조목 인물 탐험**

1 ⑤　2 ⑤　3 소망

**II. '나'와 알렉산더 플레밍**

[STEP 2] **알렉산더 플레밍과 동기**

동기

[STEP 3] **동기 발전시키기**

| 내가 하고 싶은 것 | 내가 할 수 있는 노력 |
| --- | --- |
| 달리기를 잘하고 싶다. | 매일 규칙적으로 운동하고, 틈나는 대로 달리기 연습을 할 것이다. |
| 만화를 잘 그리고 싶다. | 만화 그리기와 관련된 책을 찾아보고, 나만의 스타일로 만화를 그려 볼 것이다. |
| 친구들을 많이 사귀면서 즐겁게 지냈으면 좋겠다. | 친구들에게 고운 말을 사용하고, 친구들이 힘들 때 적극적으로 도와줄 것이다. |

## 7강 동기 ⑦ 장보고

**I. 조목조목 인물 탐험**

1 ③　2 ④　3 정규

**II. '나'와 장보고**

[STEP 2] **장보고와 동기**

동기

[STEP 3] **자기 충족적 예언과 성공 경험**

- 줄넘기 2단 넘기를 연속으로 3번 뛰는 것을 목표로 삼았다. 처음에는 하나 하기도 어려웠는데 자꾸 하다 보니까 지금은 10번도 뛸 수 있게 되었다.
- '하루에 영어 단어 10개 외우기'를 목표로 세웠는데, 처음에는 5개도 외우기 어려웠지만 지금은 10개 모두 거뜬하게 외울 수 있어서 뿌듯하다.
- 피아노를 열심히 연습해서 대회에서 완벽하게 연주했다.

## 8강 인지 ① 스티븐 호킹

**I. 조목조목 인물 탐험**

1 ④　2 ⑤　3 석희

**II. '나'와 스티븐 호킹**

[STEP 2] **스티븐 호킹과 인지**

인지

[STEP 3] **인지 능력 높이기**

- 반드시 일주일에 3권 이상 책을 읽는다.
- 학교에서 배운 내용을 매일 복습한다.
- 새로 알게 된 것을 공책에 쓰고 정리하는 습관을 갖는다.

## 9강 인지 ② 장 앙리 파브르

**I. 조목조목 인물 탐험**

1 ②　2 ④　3 다움

**II. '나'와 장 앙리 파브르**

[STEP 2] **장 앙리 파브르와 인지**

인지

[STEP 3] **집중력 기르기**

- 공부하는 데 집중하기 위해서 TV도 끄고 스마트폰도 멀리 치웠다.
- 책상이 정리되어 있지 않으면 집중이 되지 않는다. 그래서 공부하기 전에는 책상 위의 물건들을 깨끗하게 정리하곤 한다.

## 10강 인지 ③ 장영실

**I. 조목조목 인물 탐험**

1 ②　2 ④　3 민도

**II. '나'와 장영실**

[STEP 2] **장영실과 인지**

인지

**[STEP 3] 집중력 기르기**

- 컬러링 북 색칠하기를 좋아하는데 조금만 딴생각을 해도 그림이 예쁘게 완성되지 않는다. 그래서 컬러링 북을 색칠할 때는 집중하고 또 집중한다.
- 줄넘기 100개를 연속으로 하는 것이 목표인데, 조금만 다른 생각을 하면 발에 줄이 걸린다. 그래서 줄을 넘을 때마다 집중하려고 노력한다.

## 11강 몰입 ① 이순신

**I. 조목조목 인물 탐험**

1 ① 2 ③ 3 승철

**II. '나'와 이순신**

**[STEP 2] 이순신과 몰입**

몰입

**[STEP 3] 몰입할 때 주의할 것**

- 숙제를 하는데 중간중간 친구와 놀고 싶은 생각이 들었다.
- 만화영화를 보고 있는데 동생이 자꾸 말을 걸어서 방해했다.
- 책을 읽는 도중에 나도 모르게 자꾸 게임을 하고 싶어져서 힘들었다.
- 감기에 걸려서 기침이 나고 아파서 피아노 연습을 제대로 할 수 없었다.

## 12강 몰입 ② 윈스턴 처칠

**I. 조목조목 인물 탐험**

1 ③ 2 ④ 3 효린

**II. '나'와 윈스턴 처칠**

**[STEP 2] 윈스턴 처칠과 몰입**

몰입

**[STEP 3] 좋은 몰입과 나쁜 몰입**

| 좋은 몰입 | 나쁜 몰입 |
|---|---|
| 책 한 권을 한 번에 다 읽었다. | 부모님 몰래 게임을 했다. |

## 13강 몰입 ③ 빈센트 반 고흐

**I. 조목조목 인물 탐험**

1 ⑤ 2 ⑤ 3 수현

**II. '나'와 빈센트 반 고흐**

**[STEP 2] 빈센트 반 고흐와 몰입**

몰입

**[STEP 3] 몰입을 위한 집중**

| 나의 꿈 | 가장 먼저 집중하고 싶은 것 |
|---|---|
| 수의사가 되고 싶다. | 동물들의 특징을 조사한 다큐멘터리나 영화를 찾아서 보고 싶다. |

## 14강 몰입 ④ 알프레드 노벨

**I. 조목조목 인물 탐험**

1 ② 2 ⑤ 3 소민

**II. '나'와 알프레드 노벨**

**[STEP 2] 알프레드 노벨과 몰입**

몰입

**[STEP 3] 몰입 경험 나누기**

- 재활용품을 가지고 쓸모 있는 물건을 만드는 데 몰입해서 3시간 만에 연필꽂이를 완성한 적이 있다.
- 시험에 대비해서 책을 3권 읽었어야 했는데, 몰입해서 읽었더니 2시간 만에 읽을 수 있었다. 내용도 잘 외워져서 시험을 잘 치를 수 있었다.

## 15강 몰입 ⑤ 마리 퀴리

**I. 조목조목 인물 탐험**

1 ② 2 ③ 3 병찬

**II. '나'와 마리 퀴리**

**[STEP 2] 마리 퀴리와 몰입**

몰입

[STEP 3] **몰입 유지하기**

- 수학 문제를 아무리 많이 풀어도 시험 볼 때 자꾸 실수를 하니까 공부할 마음이 없어진 적이 있었다.
- 동생에게 몇 번이나 같은 설명을 반복해도 전혀 이해하지 못해서 설명을 포기할까 생각한 적이 있었다.
- 배드민턴 연습을 정말 열심히 하는데도 실력이 늘지 않아 나는 배드민턴에 소질이 없다고 생각했다. 그래서 그만두고 싶다는 생각이 들었다.

## 16강 몰입 ⑥ 정약용

**I. 조목조목 인물 탐험**

1 ③  2 ④  3 준호

**II. '나'와 정약용**

[STEP 2] **정약용과 몰입**

몰입

[STEP 3] **목표 세우기**

- 차분한 마음으로 자리에 앉아서 공부하는 것이 나의 목표다. 그래서 매일 꾸준히 30분씩 독서를 하고 있다.
- 종이접기를 좋아해서 크리스마스까지 종이학을 100개 접는 것을 목표로 세웠다. 그래서 시간이 날 때마다 틈틈이 접고 있다.

## 17강 자아존중감 ① 프리드리히 니체

**I. 조목조목 인물 탐험**

1 ③  2 ②  3 정호

**II. '나'와 프리드리히 니체**

[STEP 2] **프리드리히 니체와 자아존중감**

자아존중감

[STEP 3] **자아존중감 높이기**

- 혼자 낯선 동네에 갔다가 길을 잃은 적이 있었는데, 당황하지 않고 침착하게 왔던 길을 되짚어 돌아가서 제대로 집을 찾아간 적이 있다.
- 그림 그리기 대회에 참가하고 싶어서 용기 내서 도전했고, 좋은 결과를 얻어서 나 자신이 자랑스러웠다.
- 매일 꾸준히 줄넘기 연습을 했다. 이제 2분에 줄넘기를 100회 넘게 할 수 있는 실력이 된 나 자신이 사랑스럽다.

## 18강 자아존중감 ② 넬슨 만델라

**I. 조목조목 인물 탐험**

1 ⑤  2 ⑤  3 세린

**II. '나'와 넬슨 만델라**

[STEP 2] **넬슨 만델라와 자아존중감**

자아존중감

[STEP 3] **자아존중감 높이기**

- 긍정적인 말을 자주 한다. '할 수 있어', '넌 소중한 사람이야' 같은 말을 하고 나면 진짜 그런 느낌이 든다.
- 거울을 보면서 웃는 연습을 하고, 다른 사람을 대할 때도 항상 웃으려고 노력한다. 그러면 다른 사람들도 나에게 더 잘해 주고, 내가 더 좋은 사람이 된 것 같다.

## 19강 자아존중감 ③ 아멜리아 에어하트

**I. 조목조목 인물 탐험**

1 ⑤  2 ④  3 철진

**II. '나'와 아멜리아 에어하트**

[STEP 2] **아멜리아 에어하트와 자아존중감**

자아존중감

[STEP 3] **자아존중감 높이기**

- 몸이 아파서 온종일 힘들었던 날이 있었는데, 약을 먹고 견디면서 일기 숙제를 끝까지 해낸 나 자신이 자랑스러웠다.
- 친구가 내 발을 밟고도 그냥 지나가서 기분이 많이 상했는데, 화를 내지 않고 내 생각을 조리 있게 말해서 친구로부터 사과받은 것을 스스로 칭찬하고 싶다.

## 20강 자아존중감 ④ 한스 크리스티안 안데르센

**I. 조목조목 인물 탐험**

1 ③ 2 ② 3 유빈

**II. '나'와 한스 크리스티안 안데르센**

[STEP 2] **한스 크리스티안 안데르센과 자아존중감**

자아존중감

[STEP 3] **나를 사랑하기**

- 나는 다른 친구들보다 뛰어나지는 않지만 늘 뭐든지 잘할 수 있다고 생각한다.
- 무언가를 하다 보면 마음먹은 대로 되지 않을 때가 있지만 절대 포기하지 않는다. 내 능력을 의심하지 않기 때문에 다시 시작하고 잘할 수 있다고 생각한다.

## 21강 자아존중감 ⑤ 이사도라 덩컨

**I. 조목조목 인물 탐험**

1 ④ 2 ② 3 예원

**II. '나'와 이사도라 덩컨**

[STEP 2] **이사도라 덩컨과 자아존중감**

자아존중감

[STEP 3] **나를 사랑하기**

- 정성스럽게 글씨를 쓸 때의 내가 좋다. 반듯한 내 글씨를 보면 기분이 좋아진다.
- 나는 노래를 잘하지는 못하지만, 항상 신나고 즐겁게 노래를 부른다. 다른 사람에게 불편을 주지만 않는다면, 주변의 시선에 신경 쓸 필요는 없다고 생각한다.